Anonymous

Geheimnisse zur Erläuterung der Geschichte unsrer Zeit

Anonymous

Geheimnisse zur Erläuterung der Geschichte unsrer Zeit

ISBN/EAN: 9783743658967

Hergestellt in Europa, USA, Kanada, Australien, Japan

Cover: Foto ©ninafisch / pixelio.de

Weitere Bücher finden Sie auf **www.hansebooks.com**

Geheimniſſe

zur
Erläuterung der Geſchichte
unſrer Zeit.

✦✛✛✛✛✛✛✛✛✛✛✛✛✛✛✛✛✛✛✛✛✛✛✛✛✛✛✛✦

1761.

Dem
Wohledlen, Vesten und Gelehrten
Herrn
**Georg Matthias Josephus
April**
Hochverdienten kayserl. Notarius Publicus,

Seinem hochgeehrtesten Herrn
und Gönner.

Wohledler,

Vester und Gelehrter Herr Notarie,

Hochgeehrtester Gönner.

Wenn ich mir die Freyheit neme, Ew. Wohledlen diese geringen Blätter unter den lebhaftesten Empfindungen einer nicht gemeinen Ehrfurcht und Ergebenheit gehorsamst zuzuschreiben: so ist solches ein nur kleines Opfer, welches ich Jhnen im Namen des ganzen christcatholi-Publici für Dero ungemein grossen Verdienste um die gute Sache, mit dem tiefsten Reverenz von der Welt darzubringen habe. Wir Schriftsteller, sonderlich wir politischen Schriftsteller, deren Ausdünstungen die Presse alle Woche zweimal zu beschäftigen pflegen, wir, sage ich, sind die kleinen Staatsminister dieses Publici, und wir allein haben seinen Lob und Tadel, seinen Beifall und Unwillen, seinen Seegen und Fluch mit ungebundnen Händen auszutheilen. Von dem Hospodar in der Wallachey an bis auf den Conrector in Groskleinungen, erhält jeder Sterblicher die Taxe seiner Verdienste nur allein von uns. Jn den von unsern Ahnherrn geerbten Lehnstülen, wie der

Heilige

Zuschrift.

Heilige in seiner Nische sitzend, richten wir die Welt und sprechen Urtheile, von denen alles Appelliren schlechterdings umsonst ist.

Der Dank, den ich Ew. Wohledlen im Namen des rechtgläubigen Publici schuldig bin, ist im höchsten Grad gerecht und gegründet. Dieselben waren ohne Zweifel durch ganz besondre Regierung GOttes, zu dem gesegneten Rüstzeug bestimt, welches sich vor den Riß stellen und dem grösten Ketzer unter der Sonnen Worte der Acht, Worte des Todes bringen solte. Aber, ach! der Unglaube seines Gesandten ging soweit, daß er sich auch nicht entblödete, Ew. Wohledlen mit den fürchterlichsten Geberden anzuschreien, Sie, ohne Rücksicht auf Dero tragendes heiliges Amt mit dem unchristlichen Namen eines Flegels zu belegen, ja gar mit eignen Händen Dieselben die Treppe hinunter zu werfen. Ich habe Thränen vergossen, als ich diese Grausamkeit aus den Zeitungsblättern ersahe; ich habe aber deren noch unendlich mehrere weinen müssen, als mir die von Ew. Wohledlen dem Reichshofrath zugeschickte species facti zu Gesichte kam, die so wemütig abgefasset ist, daß
auch

auch noch nach langen Jahrhunderten, unsre Enckel sie nicht ohne Thränen werden lesen können. Ich kenne einen Musicus, der sie vollkommen schön componirt hat, und sie in der Hauptkirche einer grossen Stadt alle Jahr auf dem ersten April musicalisch aufführen wird.

So vielen Antheil ich inzwischen an Dero Schicksal genommen habe; so ist mir doch oft aus wahrer Achtung gegen Sie, ein Wunsch entfaren, der zwar ein wenig hart klinget, aber doch eine vollkommen christliche Liebe zur Quelle hat. Er lautet ohngefähr so: "Möchte doch dieser theure Knecht „GOttes und des Reichshofraths ein völli„ger Blutzeuge der guten Sache geworden „seyn! Möchte er doch auf dieser unheiligen „Treppe seinen heiligen Hals gebrochen ha„ben!" Lassen Sie sich diesen Wunsch nicht befremden. Dero Sele würde alsdann nicht nur von Mund auf gen Himmel gefaren seyn, ohne sich erst im Fegefeuer der Salivationskur zu unterwerfen: sondern Sie würden auch noch den Vortheil davon gehabt haben, daß noch lange nach Ihrem Tode tausend und aber tausend andächtigverliebte

Frauen-

Zuschrift.

Frauenzimmer Ihre Gebeine als kostbare Reliquien eines der grösten Märtirer geküsset, und von dem Dervis ihrer Moschee den Segen der Fruchtbarkeit erwartet hätten. Wie viel Gutes hätten sie nicht da noch stiften können?

Jedoch wer weis, was für ein schöner Märtertod Ew. Wohledlen noch bevorstehet. Wenigstens wäre es himmelschade, wenn Dero grosse Talenten zu dieser Art von Expeditionen im Schweistuch vergraben bleiben solten. Ich will Denenselben nichts prophezeien. Ist mir Dero zeitliche Wohlfahrt lieb, so ist mir Ihre ewige noch weit lieber. Meine Gedanken mögen indessen eintreffen oder nicht; so werden Sie an den bösen und ungläubigen König, der schon seit fünf Jahren der ganzen christcatholischen Welt so viel zu schaffen macht, einmal hinlänglich gerochen werden. Mit welchem edlen Stolz werden Sie nicht einmal auf ihn herabschauen können: Sie, die Sie nach diesem Leben, von Sehraffen bedient, in der verklärten Gesellschaft eines Herostrat

Zuschrift.

ſtrat *), Loyola, Malagrida und andrer Blutzeugen an der Tafel Abrahams, Iſaacs und Jacobs ſitzen werden, wenn hingegen dieſer Schutzgott der allerverruchteſten Ketzer in der unterſten Hölle mit dem Marcus Aurelius, den Antonius, dem Socrat, Plato, Pope, Leibnitz, und andern Verführern des menſchlichen Geſchlechts ewig wird gemartert werden? Mit welcher heiligen Freude werden Sie alsdann Ihre verklärten Augen an ſeinen Qualen weiden können! Ein ſolches Vergnügen gilt warlich mehr, als tauſend gebrochne Hälſe.

Doch genug hiervon. Ich neme mir die Freiheit, Ihnen im Namen des Publici mit dieſer kleinen Schrift ein Geſchenk zu machen, ob ich gleich ſehr zweifle daß ein Buchhändler im ganzen heil. Röm. Reich Ihnen ein einiges Exemplar unentgeltlich wird zukommen laſſen. Das iſt aber nicht meine Schuld. Wenigſtens ſehen Sie doch hieraus den guten Willen deſſen, der

mit

---

*) Dieſer ehrliche Mann hatte aus frommen Eifer den ketzeriſchen Dianentempel zu Epheſus angezündet; welches nur um derjenigen Leſer willen erinnere, denen die Geſchichte der erſten chriſtlichen Kirche nicht bekant ſeyn möchte.

Zuschrift.

mit wahrer Hochachtung zeitlebens verharret,

Wohledler,

Vester und Gelehrter Herr,

Hochgeehrtester Herr Notarie!

Ew. Wohledlen

B. den 1. April.
1761.

zum Gebet und Fürbitte
verbundenster

Verfasser.

Einleitung.

Ehe ich meine geheimen Nachrichten völlig auskrame, habe ich noch ein paar Worte mit meinen Lesern ins geheim zu sprechen. Es fehlt uns, Gottlob! nicht an Schriften, die den in unsern Tagen entstandnen Krieg beschreiben und der Nachwelt aufbehalten werden. Aber ein grosser Theil derselben, nemlich diejenigen, welche zu Berlin und andern änlichen Orten herauskommen, sind so entsetzlich parthetisch, daß man sie selten ohne Weinen, niemals aber ohne Ekel lesen kan. Ein andrer Theil, der übrigens von wohlgesinten Federn ausgearbeitet worden, bestehet aus magern und weitläufigen Tageregistern oder auch aus Deductionen, die so entsetzlich gelehrt und gründlich geschrieben sind, daß schon mehr als einer meiner Freunde darüber das Rothlaufen bekommen hat. Alle diese

Einleitung.

diese Schriften haben mir nie ein Gnüge gethan. Die Welt wird von Tage zu Tage gesitteter und aufgeklärter. Der Geschmack des Publici läst sich daher auch nicht mehr mit trockenen Altagswahrheiten und frostigen Sittenlehren befriedigen. Die feine Welt liebt das Neue, das Sonderbare, das Unerwartete; und dieser Geschmack ist höchst lobenswürdig. Zum Unglück haben wir kaum zwey bis drey Schriften aufzuweisen, die die, Geschichte unsrer Zeiten auf eine diesem Geschmack gemässe Art abgehandelt haben. Ein erschreckliches Unglück welches die Armuth unsers Jahrhunderts auf eine unwidersprechliche Art beweiset!

Ich werde also ohne allen Zweifel wohl auf mehr als eine Ewigkeit Staat machen können, da in diesen Blättern einige Umstände zusammen getragen, die für das menschliche Geschlecht äusserst interessant sind. Daß jemand die seltsame Frage aufwerfen wird woher ich diese Nachrichten genommen habe, will ich nicht hoffen. Aus den Fingern habe ich sie gewis nicht saugen können, und aus vornehmen und geheimnisvollen Correspondenzen habe ich sie auch nicht geschöpft und ich glaube dennoch befugt zu seyn, sie Geheimnisse nennen zu können; vornehmlich

Einleitung.

sich aber darum, weil sie einen grossen Theil der Welt unbekannt sind, und sich unter der ungeheuren Menge von bekannten Altagsnachrichten gar leicht zu verlieren pflegen.

Man wird noch einen Vortheil aus dieser Schrift haben. Man wird daraus sehen lernen, daß Könige auch Menschen sind, und oft mehr menschliches, d. i. schwaches an sich haben, als der Bürger und Handwerksmann. Dis ist ein Umstand, den man bey den grossen Welthändeln oft nur zu sehr aus den Augen zu setzen pflegt. Grosse Kriege, die gantz Europa zerrüttet haben, sind oft aus keiner andern Quelle hergeflossen, als die kleinen Zänkereien zwischen drey oder vier eigensinnigen Nachbarn, die blos deswegen nicht Myriaden von Menschen die Hälse gebrochen haben, weil der eine ein Schuster, der andere ein Käsekrämer, der dritte ein Altreisser und der vierte ein Müsiggänger ist, keiner von ihnen aber eine Krone träget. Diese Betrachtungen sind von ungemein grossem Nutzen. Sie lehren uns die grossen Kleinigkeiten dieser Welt verachten, die oft bis zur Abgötterey getriebene Ehrfurcht für Fürsten vermindern, und alles das, was man auf dieser Halbkugel Glück und Unglück zu nennen pflegt, mit einer

Einleitung.

einer Art von Gleichgültigkeit ansehen und ertragen. Eine Gesinnung die zu unsrer Gemüthsruhe unumgänglich nothwendig ist.

Ich habe zu dem Ende vorerst einige Höfe geschildert, die bey den jetzigen Welthändeln die vornehmste Rolle spielen. Ich habe die hier vorkommenden Nachrichten aus mehrentheils kleinen Schriften theils gesammelt, theils nur übersetzt, die sich entweder schon vergriffen haben, oder doch um anderer Ursachen willen selten sind. Ich hätte sie am ehren schmuken, wenn ich Lust gehabt hätte, meiner Arbeit das Ansehen eines gelehrten Werks zu geben.

Erstes Capitel.
Von dem Königlichpreußischen Hofe.

Der König ist fünf Fuß und zwey Zoll groß, er ist ziemlich proportionirt, aber doch nicht vollkommen wohl gebildet, indem ihm eine etwas gezwungene Stellung eigenthümlich ist. Dem ohngeachtet ist seine Figur angenehm und geistreich. Er ist der höflichste Mann von der Welt; hat eine ungemein gnädige und leutselige Stimme, auch wenn er flucht. Er redet besser französisch als deutsch, und bedienet sich seiner Muttersprache niemahl, als hingegen solche, die kein französisch verstehen. Er hat ein schön hellbraunes Haar, und trägt beständig seinen Haarzopf, accommodiret sich doch seine Haare jederzeit selbst. Niemahls bedienet er sich einer Nachtmütze, noch eines Schlafrocks, noch der Pantoffeln; bloß zum Pudern hat er einen schlechten leinenen Mantel. Das ganze Jahr trägt er sich so, wie sein erstes Bataillon Garde, und die Stiefeln kommen then ihm nie von den Füßen. In Schuhen zu gehen, oder den Hut unter dem Arm zu tragen, ist ihm etwas vollkommen unbekantes, und diese Kleinigkeit giebt ihm in den Augen eines galanten Franzosen ein seltsames und gezwungenes Ansehen. Bey der Vermählung seiner Prinzeßinschwester, der jetzigen Königin von Schweden, trug er eine Uniform von Gros de Tours, das war sein ganzer Staat.

Alle Tage stehet er des Morgens um fünf Uhr auf und arbeitet: wenigstens bleibt er bis um drey Viertel auf sieben allein. Um sieben Uhr kleidet er sich an; man bringt ihm die Briefe, Bittschriften und Memoriale, die er sich vorlesen lässet. Von neun bis um eilf sind seine Minister, oder vielmehr seine Gens d'Affaires, bey ihm. Auf dem Schlag *** *** *** *** *** die Wache stehet, wobey er *** *** allemal selbst commandiret: *** *** *** *** *** halb zwölf gehet er wieder auf das *** *** wartet etwa vier oder fünf Minuten auf einem Saal, ob ihm etwa jemand etwas zu sagen hat. Hierauf gehet er wieder in sein Zimmer, und arbeitet entweder allein, oder mit seinen Ministern, wenn er vor der Parade nicht mit ihnen fertig worden *** *** *** Um halb eins setzet er sich zur Tafel, an welcher fast allemal die Offiziers seines ersten Bataillons *** *** Die Tischgesellschaft bestehet gewöhnlich aus vierundzwanzig Personen, niemals aber mehr, als sechszehn Schüsseln aufgesetzt, und diese werden alle auf einmal aufgetragen. Die Tafel dauret eine Stunde, worauf *** mit seiner von der Tischgesellschaft etwa eine Viertelstunde spazieren gehet, einen Reverenz macht, und sich in sein Zimmer begiebt. Diese Reverenz *** *** *** *** sehr freige-

big

big ist, scheinen schon zur Gewohnheit bey ihm geworden zu seyn.

Bis um fünf Uhr bleibet er alleine. Alsdann kome sein Vorleser, welches gemeiniglich der Marquis d' Argens ist. Das Lesen dauert bis um neun. Der König ist ein grosser Musicus und spielt die Flöte unvergleichlich. Sein tägliches Concert besteht fast ganz allein aus blasenden Instrumenten, die die besten in ganz Europa sind. Seine Sänger sind die einigen in ihrer Art, weil er das Mittelmässige nicht leiden kan. Um neun kommen seine schönen Geister, worunter Voltaire, Maupertuis, Algarotti und andere ehedessen die vorzüglichsten Stellen bekleideten. Diese Gesellschaft ist niemals stärker als acht Personen, den König und einen oder zwey Favoriten mit inbegriffen. Um halb zehn wird gegessen, und die Mahlzeit besteht aus acht Schüsseln. Das Abendessen dauert fast bis eilf Uhr, und wenn es zwölf schlägt legt sich der König schlafen.

So werden die vier und zwanzig Stunden des Tages das ganze Jahr hindurch zugebracht, sonderlich in den neun Monaten, da er zu Potzdam ist; es müste denn eine wichtige Hindernis dazwischen kommen, desgleichen die Revüen sind. Spiele, Jagden Spatzierfahrten und vornemlich die vermischten Gesellschaften beiderley Geschlechts, alle diese Lustbarkeiten sind ihm unausstehlich.

Zu dem Aufwand für seine Tafel in der Küche sind täglich drei und dreissig Thaler ausgesetzt, wofür er 24 Schüsseln bekömt, 16 zu Mittag und 8 des Abends, 24 Couverts des Mittags und 8 des Abends, welche Zahl niemals als nur in ausserordentlichen Fällen überschritten wird. Wenn mehr als 24 Personen

sonen bey der Tafel sind, so wird, solte es auch ein Gallatag seyn, für jede dieser Personen nicht mehr, als ein Thaler in die Küche bezalt; doch werden die grossen Seefische und das Wildpret besonders von ihm vergütet. Von den drei und dreissig Thalern bezahlt der Entrenneur das Holz, Kolen, die Unterhaltung des Küchengeschirres, kurz alles was zur Küche gehöret, den Sold der Küchenbedienten nur allein ausgenommen. Er hat vier Köche, einen Franzosen, einen Italiäner, einen Preussen und einen Oestreicher. Jeder macht 4 Schüsseln Mittags und 2 des Abends, der König mag da seyn oder nicht, weil er die Officiers von dem ersten Bataillon Garde das ganze Jahr durch speiset. Sie bekommen zum Getränke wechselsweise den einen Tag Bier, und den andern eine Bouteille Wein auf zwey Personen. Er giebt auch täglich drey grosse Schüsseln Fleisch oder Braten nebst Bier und Brod für die Officiers der beiden übrigen Bataillons der Garde zu Fus her.

Der König besitzt viel Witz und ein wenig mehr von den Wissenschaften, als Könige und Fürsten gemeiniglich zu lernen pflegen. In der Kriegskunst ist er vortreflich, er ist im Stande, allen möglichen Nutzen aus derselben zu ziehen. Er nimt keinen Rath von andern an, verlanget ihn auch nicht, leidet viemals Widerreden noch Vorstellungen. Er kennet seine Stärke in den Werken des Witzes; sein Squelet von Apollo, ich meyne den Hrn. von Voltaire, sagte einsmals: wie lange wird er mich noch hinschicken, seine schwarze Wäsche zu waschen? Er hat niemand als nur nützliche Leute in seinem Dienst, die im Stande sind, ihrem Amte ein vol-

komnes

kommnes Gnüge zu leisten, und kein König auf der Welt wird mit wenigerem Geld besser und treuer bedient, als er. Alle grosse Ehrenstellen bey Hofe haben sehr geringe Besoldungen. Er hat keine Statthalter und Gouverneurs in seinen Provinzen, sondern er regieret hier alles selbst. Bey andern Mächten macht dieser Artikel einen ungeheuren Aufwand, hier verdienet der König diese Summen selbst. Ein Capitain, der eine Compagnie hat, stehet sich vollkommen gut, ohne daß es dem Könige was kostet. Der Urlaub, den er der Hälfte seiner Compagnie auf neun Monate geben kan, macht sein Glück. Der König bezahlt die ganze Compagnie das ganze Jahr hindurch und die Beurlaubten bekommen in diesen neun Monaten nichts.

Die Garde du Corps ist nur durch die Mondur von seinen übrigen Soldaten unterschieden; sie bekommen so viel Schläge als die andern. Die Königin, die Prinzeßinnen und Prinzen wissen nicht, was es heisset, eine Garde haben, und wenn der König nicht in Potzdam ist, so hat er auch keine.

Er hat einen Canzler, der niemals spricht, einen Oberjägermeister, der sich nicht getrauet eine Wachtel zu schiessen, einen Oberhofmeister, der nichts zu befelen hat, einen Mundschenk, der nicht weis, ob Wein im Keller ist oder nicht, einen Oberstalmeister, der nicht befugt ist, ein Pferd satteln zu lassen, einen Cammerherrn, der ihm noch niemals sein Hemd dargereicht hat, einen Grandmaitre der Garderobe, der nicht weis, wer sein Schneider ist. Alle diese Bedienungen waren noch vor wenig Jahren in der Person eines einigen Mannes vereiniget, der Fredersdorf hies, und ausserdem noch sein ordentlicher Käm-

Kammerdiener, Kammerjunker und Cabinetssecretär war. Dieser Fredersdorf hatte sein Glük der Flöte zu danken. Er war unter der vorigen Regierung noch Hautboist bey dem Regiment des Feldmarschals von Schwerin. Dieser schenkte ihn dem jetzigen Könige und damaligen Kronprinzen zu einer Zeit, da ihm die Annemlichkeit der Musik in einer verdrüslichen Einsamkeit vielleicht sehr notwendig war. Alle Grossen werden mit dem Titel Excellenz bezalet.

Seine ganze Kammerbedienung bestehet in acht Pagen, eben so vielen Kammerlaquelen, vier Läufern und sechs jungen Leuten, die nach Art verschiedener orientalischer Völker gekleidet sind, alle aber rosenfarbne mit Tressen besezte Kleider tragen. Sonst liebet er überhaupt die dousen Farben. Er hat zu seinem Gebrauch kaum 130 Pferde, und keine einige Kutsche, die 100 Thaler werth wäre.

Um den Schustern Unterhalt zu verschaffen, die im Lande wimmeln, verbot er, hölzerne Schuhe zu tragen, die sonderlich in Preussen sehr beliebt waren. Was erfolgte daraus? Die Hälfte seiner Unterthanen gehet auf dem Lande barfus. Er erlaubet die Soldaten zu prügeln und verbietet ein Postpferd zu peitschen.

Leute, die am meisten um ihn sind, wollen versichern, daß seine Höflichkeit ihm nicht natürlich sey. Sie sagen, es wäre ein Ueberrest derjenigen Zeiten, da er des Beistandes der ganzen Welt wider seinem Hrn. Vater nötig hatte. Er hat denen nicht viel Gutes erwiesen, die sich damals mit Gefar ihres Lebens für ihn ins Mittel schlugen; aber er hat auch denen nichts Böses gethan, die ihn am meisten mit verfolgen helfen. Die

)(21)(

Die königliche Frau Mutter war, als sie noch lebte, das einige Frauenzimmer, für welches er eine Art von Achtung hatte. Sie hatte jährlich 100000 Rthlr. zur Unterhaltung ihres Hofstaats; wovon sie aber noch Schätze sammelte. Alle Woche war viermal bey ihr Apartement, wo aber niemand ungeladen erscheinen durfte. Sie wohnte im Schlosse sehr schlecht, und ihr Montbijou, welches nahe am Thor in Berlin liegt, wäre für eine Privatperson so ziemlich artig gewesen.

Die regierende Königin ist die beste Dame von der Welt. Sie speiset das ganze Jahr allein. Alle Donnerstage hält sie Apartement und um 9 Uhr begiebt sich jedermann nach Hause. Im Schlosse zu Berlin wohnet sie im zweiten Stock und Schönhausen ist ihr Lustschloß. Bey einer gewissen zahlreichen Versammlung der Grossen des Hofs, gleich nach Antritt der Regierung des Königs, küste er seine Gemalin öffentlich und sagte: dies ist eure Königin. Vielleicht hat sie nach der Zeit niemals einen Kus wieder bekommen.

Der verstorbene Prinz von Preussen war in der Denkungsart dem Könige gleich, hatte aber lange nicht so viel Witz und Gelehrsamkeit. Er war der liebste Sohn des vorigen Königs, der ihm auch bey seinem Tode seinen kleinen Schatz vermachte, womit aber nachmals eine Veränderung vorgenommen wurde. Dieser kleine Schatz bestand aus 30 Millionen. Er bekam järlich 120000 Rthlr. wovon er noch Geld sammelte. Er lebte sehr sparsam, verstand die Handlung und war der stärkste Holzhändler in den Staaten seines Herrn Bruders.

B 3

Der Prinz Heinrich ist der liebenswürdigste Herr von der Welt. Er ist höflich, freygebig und ein Liebhaber von aufgeweckten Geselschaften. Er hatte ohngefehr 80000 Rthlr. Einkünfte, die ihm sein Herr Vater noch bey seinem Lebzeiten aus den confiscirten Gütern aussetzte.

Der Prinz Ferdinand ist klein und mager; er liebt den Trunk und niemand hat gerne etwas mit ihm zu thun. Er hat 100000 Rthlr. Einkünfte, auch aus confiscirten Gütern. Er isset gerne, wo es ihm nichts kostet, sammelt Geld und hat sich noch in keinem Stücke sonderlich hervorgethan. Was von den Einkünsten, der Prinzen gesagt worden, versteht sich von ihren Appanagegeldern; die Einkünfte von den Regimentern nicht mit gerechnet.

Voltaire war der vornehmste unter denen, die von dem Könige mit den Namen eines Freundes beehret wurden. Die Geschichte des Gelehrten ist mit der Geschichte des Königs zu genau verbunden, als daß ich nicht auch ein paar Worte von den erstern sagen solte. Voltaire ist lang, hager, schwarz im Gesichte und hat mit dem Apol keine andere Aenlichkeit, als in Absicht des Witzes. Der König hatte schon, da er noch Kronprinz war, einen vertrauten Briefwechsel mit ihm geführet, und 1742 zog er ihn gar von Paris nach Berlin. Voltaire ward Kammerherr und bekam 12000 Rthlr. Gehalt. Er hat alle rümliche Eigenschaften der schönen Geister, aber auch alle ihre Schwachheiten. Die Schoossünde der Dichter, ich meine die Liebe, fürte ihn zuweilen in solche Versuchungen, daß er sich auch nicht entblödete, sein poetisches Gerippe bis zu Prinzessinnen zu schwingen. Doch der Schwung ist eine wesentliche

Eigen-

Eigenschaft der Dichter und die Licentia poetica hat gar weite Gränzen. Als Voltaire noch in Berlin war, that er einer grossen Prinzessin folgende Liebeserklärung:

Songe.

Souvent un Air de verité,
Se méle au plus grossier mesonge:
Cette nuit dans l'erreur d'un Songe
Au rang des Rois j'étois monté.
Je vous aimois alors & j'osois vous le dire,
Les Dieux à mon reveil ne m'ont pas tout oté,
Je n'ai perdu que mon Empire.

Allein, die Antwort, die er bekam, war dieses Antrags würdig. Scharfsichtige Leser, werden gleich erraten, aus wessen Feder sie geflossen.

Réponse.

On rémarque pour l'ordinaire,
Qu'un songe est analogue à notre Caractere.
Un Heros peut rever, qu'il a passé le Rhin,
Un Marchand qu'il a fait Fortune,
Un chien, qu'il aboie la Lune.
Mais que *Voltaire*, en Pruse, à l'aide d'un mensonge
S'imagine d'être Roi, pour faire le Faquin,
Ma foi c'est abuser d'un Songe.

Auf teutsch könten beide Stücke so lauten:

Ein Traum.

Es mischt ein Schein der Wahrheit sich
Oft mit der allergröbsten Lügen;
So träumte vorge Nacht zum wahren Beispiel mich,
Als wär ich bis zum Rag der Könige gestiegen.
Da liebte, da verehrt ich dich.

Doch

Doch beim Erwachen ist nicht alles mir genommen;
Ich bin nur um mein Reich gekommen.

Antwort.

Es stimt gemeiniglich ein Traum, wie man es siehet,
Mit unserer Gemütsart ein.
So träumt dem Held, er gehe übern Rhein,
Dem Kaufmann, daß er viel Gewinn und Vortheil
 ziehet,
Dem Hund daß er zum Monden beltt.
Doch daß so gar Voltair in Preussen,
Im Traume sich für einen König hält,
Um nur ein rechter Narr zu heissen,
Mus wohl von einem Traum der gröste Misbrauch seyn.

Es solte mir nicht schwer fallen, eine Menge dergleichen kleinen Abendtheuer anzuführen; allein sie sind von meinem Endzweck zu weit entfernet. Ein Stück kan ich inzwischen nicht mit Stillschweigen übergehen, weil es unstreitig ein Meisterstück in seiner Art und zugleich ein Beweis von der Denkungsart des Königs ist, von welcher ich hernach reden werde. Der Cardinal Quirini ersuchte den Herrn von Voltaire, die neue catholische Kirche zu besingen, mit deren Bau 1747 in Berlin der Anfang gemacht worden. Voltaire beantwortete dieses Zumuten in folgendem Briefe:

Eh, quoi! Vous voulez je chante
Ce Temple orné par Vos bienfaits,
Dont aujourdhui *Berlin* se vante?
Je vous admire et je me tais.
Comment? Sur les bords de la *Sprée*,
Dans cette infidéle contrée,
Ou de *Rome* on brave les loix,
Pourrois-je elever une voix
A des Cardinaux consacrée?

Eloig-

Eloigné des Murs de *Sion*,
Je gémis en bon Catholique,
Hélas! mon Prince est hérétique,
Et n'a point de devotion.
Je vois avec Componction,
Que dans l'infernale Séquéle,
Il sera prés de *Ciceron*,
Ou d'*Aristide* ou de *Platon*,
Ou vis a vis de *Marc - Auréle* !
On sait que ces Esprits fameux
Sont punis dans la nuit profonde.
Il faut qu'il soit damné comme eux,
Pusqu'il vit comme eux dans le monde
Mais surtout, que je suis faché,
De le voir toujours entiché
De l'enorme & cruel péché,
Que l'on nomme la Tolérance !
Pour moi je fremis, quand je pense
Que le *Musulman*, le *Payen*,
Le *Quakre* & le *Lutherien*,
L'Enfant de *Genève* & de *Rome*
Chez lui tout est reçû si bien,
Pourvû que l'on soit honnête Homme.
Pour comble de Méchanceté,
Il a sû rendre ridicule
Cette sainte inhumanité,
Cette haine, dont sans scrupule,
S'armoit le Devot entêté,
Et dont se railloit l'Incredule.
Que ferois-je, grand Cardinal ?
Moi, Chambellan très inutile,
D'un Prince endurci dans le mal,
Et proscrit dans notre Evangile ?

B 5 Vout,

Vout, dont le front prédestiné,
A nos yeux doublement éclate!
Vous, dont le Chapeau d'écarlate
Des lauriers du Pinde est orné;
Qui marchant sur les pas d'*Horace*,
Et sur ceux de Saint *Augustin*,
Suivez le raboteux chemin
Du *Paradis* & de *Parnasse!*
Convertissez ce rare esprit!
C'est à Vous d'instruire & de plaire.
Hé, la Grace de *Jesus-Christ*
Chez Vous brille en plus d'un Ecrit
Avec les trois Graces d'Homère!

Ohnerachtet ein solches Gedicht in einer Uebersetzung notwendig viel verlieren mus: so wil ich es doch um derer willen auch teutsch hersetzen, die des Französischen nicht kundig seyn möchten.

„Wie! Du verlangest, daß ich den durch deine
„Wohlthaten geschmückten Tempel besingen sol, mit
„welchem nunmehr Berlin pranget? Ich bewundre
„dich und schweige. Wie? Ich solte an den Ufern der
„Spree, in diesem ungläubigen Lande, wo man die
„Gesetze Roms verspottet, eine Stimme erheben
„können, die Cardinälen geheiliget wäre? Fern von
„den Mauren Zions seufze ich als ein guter Catho-
„lik; denn, ach! mein Prinz ist ein Ketzer und be-
„sitzt nicht die geringste Andacht. Ich sehe mit
„Schmerzen, wie er einmal in der höllischen Reihe
„neben dem Cicero, oder dem Aristid, oder dem
„Plato, oder auch gegen dem Marcus Aurelius
„über sitzen wird. Man weis, daß diese berümten
„Geister in der ewigen Nacht gestraft werden. Er
„mus verdamt werden, so wie sie, weil er so wie sie
„in

„in der Welt lebet. Wie sehr aber schmerzet es mich
„vor allen Dingen, ihn immer von der erschrecklichen
„und grausamen Sünde, die man die Toleranz nen-
„net, angestecket zu sehen! Ich wenigstens zittere,
„so oft ich daran denke, daß der Musulman, der
„Heide, der Quaker und der Lutheraner, das Kind
„Genevs und das Kind Roms, so bereit und wil-
„lig bey ihm aufgenommen worden, wenn man nur ein
„ehrlicher Mann ist. Die Bosheit aufs höchste zu
„treiben, hat er jene heilige Unmenschlichkeit, jenen
„Haß, womit sich der eigensinnige Andächtige ohne
„Bedenken bewafnete, worüber aber der Ungläubi-
„ge spottete, lächerlich zu machen gewußt. Was
„solte ich wohl thun, grosser Cardinal? Ich, der
„ich ein sehr unnützer Kammerherr eines Prinzen bin,
„der in dem Bösen verstockt und in unserm Evangelio
„verbannet ist? Du, dessen auserwälte Stirn in
„unsern Augen mit doppeltem Glanze stralet; du,
„dessen Purpurhut mit den Lorbern des Pindus ge-
„schmückt ist; der du sowol auf den Schritten des
„Horaz, als auch auf den Schritten des heiligen
„Augustini wandelst und den rauhen Pfad des Pa-
„radieses und Parnas betritst; bekehre diesen selt-
„nen Geist! Dir komt es zu zu unterrichten und zu ge-
„fallen; dir, in dessen Schriften die Gnade Jesu
„Christi neben den drey Grazien des Homer an mehr
„als einem Orte hervorglänzet!

Solte man nicht Thränen weinen, wenn man mitten in der Christenheit einen König regieren siehet,
dem es selbst ein Liebling, ein rechtgläubiger Voltaire
in die Augen sagen mus, daß er ein Ketzer ist? Einen
König, der sich nicht scheuet, die heidnischen Ketze-
reien eines Aristides, Plato, Socrates, Cicero
und

und Marcus Aurelius wieder aufzuwärmen, die nun schon an die zweitausend Jahr mit Leib und Seele in der untersten Hölle brennen und durch die schreckliche Harmonie ihres Winseln und Schreiens den Heiligen im Himmel das reizendste Vergnügen erwecken? Doch ich werde sogleich wieder auf diese Materie kommen; jetzt habe ich es mit dem Herrn von Voltaire zu thun.

Der Herr von Voltaire, der sich seit 1742 in der Würde eines Kammerherrn um den König befunden und es, seinem eigenen Geständnis nach, durch zweijährigen Unterricht dahin gebracht hatte, daß sein Schüler besser schreiben lernete! als der Lehrmeister, hatte nebst den Vorzügen der schönen Geister auch alle ihre Schwachheiten an sich. Das Abentheuer mit dem königlichen Hofjuden in Berlin verschönerte eine Zeitlang fast alle Zeitungsblätter und gab Gelegenheit zu manchen satirischen Einfällen. Der bekannte Streit des Herrn von Maupertuis mit dem Prof. König in Holland über die Erfindung des principii minimæ actionis brachte den Herrn von Voltaire endlich im Jahr 1752 völlig um die Gnade des Königs. Er mengte sich mit in den Streit und schrieb, trotz dem Verbot des Königs, eine sehr bitre Schmäschrift wider den Herrn von Maupertuis, die mit den unanständigsten Anzüglichkeiten angefüllet war. Diese Schrift ward zu Berlin durch den Henker öffentlich verbrant, Voltaire muste seine Zimmer auf dem königlichen Schlosse räumen und den Hof meiden. Als ihm der goldne Schlüssel abgefordert wurde, überschickte er solchen dem Könige mit folgenden Zeilen, die er aus dem Stegereif verfertigte:

Je

Je les reçûs avec tendresse,
Et je les rends avec douleur;
Comme un Amant dans sa fougueuse ardeur
Rend le portrait de sa Maitresse.

Voltaire gieng hierauf nach Frankfurt am Mayn, ward aber daselbst von dem preussischen Residenten Herrn Freitag arretirt und nicht ehe wieder freigelassen, bis er gewisse Papiere, die er mit sich genommen ausgeliefert hatte. Unter diesen Papieren befanden sich auch die jetzo so bekannten poetischen Werke des Weltweisen zu Sans-Souci. Der König wuste, daß der Eigennutz des Herrn von Voltaire nicht einen Augenblick Anstand nemen würde, diese Gedichte drucken zu lassen, wie er sie denn auch wirklich schon nach Hamburg geschickt hatte. Dem König war aber daran gelegen, solche nicht bekant werden zu lassen. Der Verhaft, den dieser schöne Geist Frankreichs zu Frankfurt erdulden muste, war ihm ungemein empfindlich; ein Beweis davon ist die Declaration de Mr. de V. — detenu en prison à Francfort par le Roi de Prusse, welche um diese Zeit öffentlich gedruckt wurde.

Dis sind einige wenige Nachrichten von einem Gelehrten, der unter den glänzenden Genies dieses Jahrhunderts unstreitig eine der obersten Stellen einnimt. Man hat seinen Character durch manche gehäßige Züge zu besudeln gesucht. Man hat ihn bald zu einen Deisten, bald gar zu einen Atheisten machen wollen. Aber aus dem vorhinangefürten Schreiben an den Cardinal Quirini getraue ich mir zu beweisen, daß er ein andächtiger Catholik seyn müsse. Jetzt lebet er, fern von der Gnade der Könige, in einem fried-
ferti-

fertigem Lande, dessen Theil noch die alte teutsche Redlichkeit ist. Hier weihet er die Muße seines Alters nur andächtigen Uebungen und heiligen Beschäftigungen. Sein Précis de l'Ecclesiaste und le Cantique des Cantiques, en vers, avec le texte, welche beide im Jahr 1759 als ein Beweis seines rechtglaubigen Herzens herauskamen, werden ihm schon einmal nach etlichen hundert Jahren die Canonisation erwerben.

Man hat es einander schon lange ins Ohr gesagt, daß der König in der Religion nicht allzuorthodox ist, aber man hat es bisher noch nicht drucken lassen. Vielleicht habe ich die Ehre, der erste zu seyn, der es laut sagt, und jetzo kan ich es wohl mit weniger Bedenklichkeit thun, als zu jeder andern Zeit; gehet doch jetzo alles im heiligen römischen Reiche bunt über. Wäre er gleich nur ein eifriger Calvinist, so müste er schon in den Augen eines jeden frommen Catholiken als ein gottloser Ketzer abscheulich seyn; aber unter den Ketzern wieder ein Ketzer zu seyn, das ist zu arg und dabey stehen mir alle Sinne stille. Ich wil es indessen beweisen.

Kaum hatte der König den Thron seines Vaters bestiegen, so war eine seiner ersten Sorgen, die Freimäurer in allen seinen Landen aufzunemen und ihnen völlige Sicherheit zu ertheilen. In Berlin und allen grossen Städten wurden Logen errichtet, und man sahe diese Ungeheuer von nun an öffentlich an dem Tempel des Teufels mauren. Es ist bekant, daß diese Freigeister unter allen die allerabscheulichsten sind, weil sie ihre Geheimnisse so verschwiegen halten. Noch vor zwanzig Jahren wurden deren etliche zu Lissabon, und zwar von Rechtswegen, verbrant. Sie
lassen

laſſen kein Frauenzimmer in ihre Verſamlungen, und daraus folgt wohl nichts natürlicher, als daß ſie mit einander die allererſchrecklichſte Unzucht treiben müſſen.

Zum andern. Der König und ſeine Soldaten, wenigſtens ſeine Grenadier glauben keine Geſpenſter. Z. E. Als der König in dem erſten ſchleſiſchen Kriege 1740 mit der Stadt Breslau eine Convention ſchlos, war der Dom nicht mit darin begriffen, daher er auch mit preußiſcher Einquartirung belegt wurde. Die Vorſehung Gottes konte eine ſolche Eintheilung ihres Tempels nicht gleichgültig anſehen. Kurz es erſchien ein Geſpenſt; die Schildwache an dem Biſchofshofe ſahe es in ein weiſſes Tuch gehüllet mit heftigem Grunzen ankommen. Und dieſer Verruchte war ſo frech, daß er ſeine Flinte umkehrete und das Geſpenſt beynahe todt ſchlug. Ein gleiches geſchahe 1756, als die Preuſſen das Archiv zu Dresden vor deſſen Erbrechung mit einer Schildwache beſetzten. Es lies ſich gleichfals ein Geſpenſt ſehen, aber dieſer Grenadier war noch ruchloſer, denn er ſchos es gar todt, und nachher wolte man der Welt gar weis machen, es hätte dieſes Geſpenſt unter ſeinen Ketten die Kutte eines Jeſuiten angehabt. Wer kein Geſpenſt glaubt, glaubet auch keinen Gott. Das folgt ganz natürlich J. Q. E. D.

Zum dritten. Als der König im November 1741 die Huldigung in Breslau einnam und die Geiſtlichkeit den Eid kniend ablegte, ſas der König mit bedecktem Haupt. Er ſtand aber mit abgenommenen Huth, als die übrigen Deputirten ſtehend ſchwuren. Wer den Geiſtlichen nicht die gebührende Ehre erweiſt, iſt ein Atheiſt, oder doch zum wenigſten ein Deiſt. Es folgt alles ganz natürlich.

Zum

Zum vierten. Der ehrwürdige P. Perſiſte hat in einem Schreiben an den Barfüſſer Prior zu Frankfurt am Mayn, zu Ende des vorigen Jahres, deutlich erwieſen, daß ſich dieſer König in dem jetzigen Kriege der Hülfe des Fürſtens der Finſternis bedienet habe, alle Wirkungen des geweihten Huts und Degens fruchtlos zu machen. Ich will ſeine Beweiſe durch einen neuen verſtärken. Die ehemalige heidniſche Beherrſcherin der Grafſchaft Glatz, Namens Volaska, iſt bekant. Eben ſo bekant iſt auch, daß ſie ihrer Zauberey wegen zu ihrer Zeit ungemein berümt war. Ihr ſogenanter Banzerbogen wurde nebſt der Trommel, die mit des Ziska Haut bezogen iſt, bis 1743 in der Veſtung Glatz aufbehalten, aber in dieſem Jahre ließ der König ſie beyde in die Kunſtkammer nach Berlin bringen. Gewis nicht ohne ſchon damals gehegte böſe Abſichten. Denn ein vertrauter Freund aus Berlin hat mir berichtet, daß der König den Banzerbogen ſchon ſeit ſechs Monaten wirklich mit ſich zu Felde geführet habe. Solte er, wie man zuverläßig ſpricht, künftigen Feldzug auch gar die Zaubertrommel des Ziska mit ſich nemen, ſo will ich das Unglück ſehen, welches dieſe Teufelsinſtrumente in der heiligen chriſtcatholiſchen Kirche anrichten werden. Ich könte noch eine Menge von Beweiſen zu den jetztangeführten beifügen, wenn ich nicht befürchtete zu weitläuſig zu werden, und wenn es nicht ſonnenklar wäre, daß dieſer König alle göttliche und menſchliche Geſetze, ja ſelbſt die Befele des Reichshofraths verachtet. Ich wende mich demnach zu den übrigen europäiſchen Höfen.

Zweytes Capitel.
Von dem sächsischen Höfe.

Sachsen ist seit etlichen hundert Jahren ein Muster einer guten und bequemen Politik gewesen; ich meine einer Politik nach der Mode, wo der Souverain die Regierungssorgen seinem Minister überläßt, und in den Armen der Unthätigkeit seine Bequemlichkeit genießt; der Minister vertrauet die Regierung seinen kleinen Ministern, und diese wiederum noch kleinern Ministern, und sofort bis ins unendliche, alle aber suchen sich zu bereichern; ein Endzweck, den die Eigenliebe billigt, und den man keinem vernünftigen Menschen verargen kan. Der letzte Minister, den Sachsen gehabt hat, muß unstreitig alle vorzügliche Eigenschaften seiner Vorgänger zusammen besessen haben, weil er bey seinem Ministeramt so viel Reichthümer erworben hat, als sie alle.

Man hat über den bisherigen Minister Sachsens unendlich viel zu klagen gehabt, und selbst diejenigen, die in Absicht der jetzigen Unruhen mit zu der wohlgesinten, patriotischen Partey gehören, wissen so viel an ihn auszusetzen, daß ihr Tadel oft in eine beissende Satire ausartet; allein diese Herren haben unstreitig sehr gros Unrecht. Sie urtheilen nach ihren Leidenschaften, ohne dabey auf das Ganze zu sehen, und im Grunde fliesset ihr ganzer Widerwille aus Neid her. Wenn diese Herren einen solchen Posten bekleiden solten, so würden sie es gewis noch ärger machen, und sie thäten recht daran. Ich habe keinen Beruf, eine Apologie für den Herrn Graf von Brühl zu schreiben, aber eine Anmerkung kan ich hier

C

hier unmöglich unterdrücken, deren Anwendung in vielen Fällen von grossem Nutzen seyn, und uns lehren wird, von den grossen Händeln der Welt mit mehrerer Gleichgültigkeit zu urtheilen, als gemeiniglich geschiehet: Als Tamerlan den Bajazeth nach einer blutigen Schlacht in seine Hände bekam, und vor sich führen ließ, fieng der erste, sobald er seinen Gefangenen erblickte, entsetzlich an zu lachen. Dem Bajazeth verdroß diese Begegnung, die einer offenbaren Verachtung so änlich war; der hielt seinem Ueberwinder eine sehr ernsthafte Strafpredigt hierüber. Camerlan gab ihm aber zur Antwort: Ich lache nicht über dein Unglück; sondern es fiel mir nur ein, daß Gott die Kronen und Scepter sehr gering schätzen mus, weil er sie so heßlichen Leuten zu Theil werden lässet, als wir sind; einem so garstigen Einäugigen als du, und einem so elenden Lamen als ich. Alles hat in der Welt seine Moden, und das Ohngefär, welches die Schicksale bestimt, hat vielleicht auch die Seinigen. Die Zeiten sind vorbey, da die Lamen, Blinden, Tauben und Krüppel auf dem Thron Mode waren; aber ich glaube, die Welt hat nicht viel dabey verloren; es sind andre Gebrechen Mode, die in der Reihe der notwendigen Uebel den Abgang der ersten sehr reichlich ersetzen. Wenn man nun siehet, daß dasjenige Etwas, welches die Gottesgelehrten eine Vorsehung, wir einfältigen Laien aber ein Ohngefär oder ein Schicksal nennen, ganze grosse Königreiche und Staaten selbst so gering schätzet, daß sie ihre Regierung den Leidenschaften einer Buhlschwester aus der untersten Classe, der Habsucht eines Eigennützigen, oder dem Stolze eines Hochmüthigen, oder auch einem

Monat-

Monarchen überläst; der vom Morgen bis an den Abend nichts anders zu thun hat, als die Maitresse mit dem Minister, und den Minister wieder mit der Maitresse auszusöhnen: so denke ich, können wir ohnmächtige Sterbliche es uns auch wohl gefallen lassen. Wenn der Herr, dessen Unterthanen, dessen Eigentum wir seyn sollen, es nicht besser haben will, was haben wir denn für Recht, darüber zu murren? Demjenigen, der in einen solchen Posten gesetzt worden, ist es noch weniger zu verdenken. Er hat sich seine Leidenschaften, seine Denkungsart nicht selbst gegeben, und er ist zu loben, wenn er seiner Bestimmung, die er ihnen zu verdanken hat, eine volkomne Gnüge leistet. Was hat es den sogenanten guten Ministern, einem Cineas, einem Morney geholfen, mehr für andre als für sich selbst gelebt zu haben? In ihrem Leben Herculesarbeiten, unendlichen Verdrus, wenige Bequemlichkeit, gar keine Reichtümer — und nach ihrem Tode? — Ich habe noch keinen Schulrector gesehn, der ihnen zu Ehren Lobreden halten lassen.

Dem sey nun, wie ihm wolle; die Welt ist, so lange sie stehet, nicht anders regieret worden, und sie wird auch künftig bis an ihr seliges Ende nie anders regieret werden. Wir würden es in so vielen tausend Jahren wohl endlich einmal seyn gewohnt worden, wenn nicht der Neid uns immer die alten Klagen wieder von forne anfangen liese.

Der Herr Graf von Brühl hatte zu seinem Vorgänger in der Ministerschaft den damaligen Graf von Sulkowsky, der so wie Se. Excellenz in dem Pagenstande alle die grossen Einsichten erlanget hatte, die zur Regierung ganzer Lande nötig sind.

Dieser Herr Graf von Sulkowsky bewies seine erlangte Geschicklichkeit darinn, daß er innerhalb 4 Jahren, so lange dauerte ohngefär seine Regierung, ein paar Millionen vor sich zu bringen wuste. Der Herr Graf von Brühl, der zu Anfang der jetzigen Regierung seine Erhebung dem jetztgedachten Günstling des Königs zu verdanken hatte, war kaum aus dem Staube gezogen, als er schon seinen Beförderer stürzte, und von dieser Zeit an hat er das Ruder Sachsens allein in Händen gehabt, und es so weislich zu füren gewust, daß er sich, ausser der mehr als königlichen Pracht, mit welcher seine Hofhaltung täglich gefüret worden, ausser den erstaunlichen Summen baaren Geldes, die in allen Banken Europens von seinen grossen Fähigkeiten zeugen, noch für mehr als sechs Millionen Güter in Pohlen, Sachsen und Bömen anzukaufen gewust. Die Warheit dieser Umstände ist zu bekannt, und die vertraulichen Briefe über das Leben und den Character des Herrn Grafen von Brühl sind noch in zu vieler Händen, als daß ich nötig haben solte, sie auszuschreiben. Ich will nur noch einige Stücke anfüren, die sonderlich den gegenwärtigen Krieg betreffen.

Der wahre Grund von der ganzen Rolle, die Sachsen bey den jetzigen Unruhen spielet, ist in dem österreichischen Successionskriege nach Kaiser Carls 6. Tode zu suchen. Sachsen hatte unter allen Mächten, die auf dessen hinterlassene Länder Ansprüche machen wolten, das vorzüglichste Recht; allein der sächsische Hof, der der Freundschaft ein Opfer bringen wolte, welches in unsern Tagen so ungewänlich ist, erneuerte einige Monate nach Kaiser Carls To-

de

be seine Verbindungen wegen der pragmatischen Sanction gegen Rusland. Viele Staatskluge wolten solches als einen gewaltigen Schnitzer wider die Politik auslegen; allein ich finde die kentlichsten Spuren einer seltnen Grosmuth und uneigennützigen Freundschaft in diesem Betragen. Aber bald hernach fand es der Herr Graf von Brühl für gut, wider Oesterreich feindlich zu verfaren. Man frage mich nicht um die Ursach, denn ich sage zum voraus, ich weis sie nicht, so wenig als sie der Herr Graf damals vielleicht selbst wissen mochte. Sachsen und Preussen standen damals noch in gutem Vernemen und man hätte vermuten können, daß sich beyde Höfe auf das genaueste verbinden würden. Es geschahe aber nicht. Sachsen fing an feindlich wider Oesterreich zu agiren, ohne dem preussischen Hof die geringste Eröfnung davon zu thun, ohne daß Preussen und Sachsen wuste, wessen sie sich zu einander zu versehen hatten. Von Frankreich konnte sich der Graf von Brühl auch nichts Gutes versprechen, weil es Bömen bereits an Bayern versprochen hatte. Endlich verband sich Sachsen 1742 mit dem Berliner Hof, und lies sogar seine Armee zu der preussischen stossen; allein nur auf kurze Zeit. Denn der Herr Graf von Brühl lies sich sogleich in geheime Unterhandlungen mit dem Hofe zu Wien ein und die sächsischen Truppen wurden im April 1742 wieder von der preussischen Armee weggezogen. Bey dem bald darauf erfolgten Frieden zwischen Preussen und Oesterreich, wurde an Sachsen in den Präliminarien einige Kreise von Bömen abgetreten. Die Ursach, warum dieses nicht geschehen, ist unstreitig in der Staatskunst des Herrn Grafen zu suchen.

Bey dem zweiten schlesischen Kriege verband sich Sachsen öffentlich mit dem Hause Oesterreich, und der Grund davon war der Partagetractat, der den 18. May 1745 zu Leipzig unterzeichnet wurde, und worin sich der Hof zu Dresden die Herzogtümer Magdeburg und Crossen, nebst dem schwibussischen Kreis und dem preussischen Antheil an der Lausitz ausbedungen hatte. England muste dem Herrn Graf seinen Beytritt zu dem Warschauer Bündnisse sehr theuer bezalen, und die Frau Gräfin bekam dafür von der Königin von Ungarn eine schöne Herrschaft in Böhmen.

Ob nun gleich durch den Dresdner Frieden diese Theilung der Preußischen Staaten zu Wasser wurde: so war doch der von Sachsen gehofte Antheil eine zu süsse Lockspeise, als daß man nicht noch nachmals die Unterhandlungen deswegen hätte fortsetzen sollen. Die Preussischen Schriftsteller haben sich über die hochgräfl. Brühlischen Bemühungen in diesem Stück entsetzlich beschweret. Ich sehe aber noch nicht warum? Das Naturrecht erlaubt einem jeden Staat auf seine Vergrösserung bedacht zu seyn, und die Macht eines Nachbaren einzuschränken, der ihm gefährlich werden könte. Wer hatte es Preussen geheissen, sich so mächtig zu machen? Diese Verwegenheit könte gewis nicht ungestraft bleiben. Man wirft dem Sächsischen Ministerio weiter vor, daß es bey allen diesen Unterhandlungen eine unerlaubte List, Verstellung, Untreue, Verläumdung und Unentschlossenheit von sich blicken lassen. Gesetzt auch, es wäre wahr, so müssen diese Herren, die dergleichen Vorwürfe aushecken, wohl nicht wissen, daß man sich heutiges Tages gewaltig betriegt, wenn man

man mit der Ehrlichkeit und einem redlichen Herzen durch die Welt zu kommen glaubt. Die Redlichkeit ist zu unsern Zeiten contrebande; und ich habe noch keinen gesehen, der durch eine unbefleckte Tugend was vor sich gebracht hätte. Aus einer weisen Vorsicht wolte Sachsen nicht ehe öffentlich wider Preussen agiren, als bis es ohne Gefar geschehen konte, und es war wider alles Völkerrecht, daß Preussen diesen Zeitpunct nicht abwartete, alsdenn hätte es doch Ursach gehabt, Sachsen anzugreifen. Man darf nicht sagen, alsdann wäre es aber auch zu spät gewesen. Gut; dis war es eben, was man haben wolte. Was hatte der Berliner Hof für Recht, seinen Gegnern zuvorzukommen, ihre gemachte Operationsplane zu vereiteln und ihnen durch Verfertigung neuer Operationsplane so viele Mühe zu machen?

Ich brauche mich hiebey nicht länger aufzuhalten. Die Sachen sind zu bekant; es hat sie auch noch niemand geleugnet; man darf sie nur von der rechten Seite ansehen, und eine wahre Politik dabey zu Hülfe nemen: so wird man in dem ganzen Verfaren wider Preussen nichts als lauter Unschuld, lauter Billigkeit antreffen.

Drittes Capitel.

Von dem königlichfranzösischen Hofe.

Wenn man die seltsamen Spiele des Schicksals in dieser Welt siehet, wenn man stehet auf

)(40)(

was für eine wunderliche Art der Iskak alles dasjenige zu vertheilen pflegt, was in den Augen des Pöbels nun groß, prächtig und erhaben ist, wenn man endlich gewar wird, für was für einen elenden Preiß die Güter und das Leben so vieler hunderttausend Menschen verkauft werden; wer solte da nicht alles das verachten, wovon man gemeiniglich mit so vieler Ehrfurcht spricht und wornach man sich mit so vieler Begierde sehnet? Müssen nicht die Götter recht von Herzen gelacht haben, als ihr sinnreicher Witz ein solches Meisterstück des Seltsamen und Burlesquen zur Wirklichkeit gebracht hat, als diese Welt ist? Sind jene Weltkörper, die in einer unendlichen Weite von uns ihre Laufban vollenden, mit Wesen höherer Art bevölkert, deren feinere Sinne sich bis auf unsern Erdklumpen erstrecken; so haben wir, wie arme ohnmächtige Insecten, denen unser Stolz mit dem prächtigen Namen unsterblicher Menschen, zur Ewigkeit erschafner Halbgötter schmeichelt, gewis die seltene Ehre, in dem Schauspiele des Ganzen ein lustiges Intermezzo zu spielen und jenen höhern Wesen nach ihren ernsthaften Amtsgeschäften zur kurzweiligen Ergötzlichkeit zu dienen. Ist der nicht ein Thor, der seine Ruhe, seine Tugend, seine Bequemlichkeit aufopfert, eine so demütigende Rolle zu spielen.

Diejenige Person, welche den Staatswagen der französischen Monarchie mit so vieler Weisheit und Geschicklichkeit zu lenken weis, ist die jetzige Marquisin von Pompadour. Ihr Vater, oder vielmehr derjenige, der nach den Gesetzen für ihren Vater gehalten werden muste, hies Poisson und war ein Fleischer bey dem Invalidenhause zu Paris. Eine Noth-
züchti-

zueignung, die man ihm Schuld gab, machte, daß er flüchtig werden und sich im Bildniß aufhengen lassen muste. Ihre Frau Mutter, die durch die Flucht des Poisson vacant geworden war, ersetzte den Verlust ihres Mannes durch Liebhaber, an denen sie keinen Mangel hatte, weil sie für ausserordentlich schön gehalten wurde. Aus diesem Zeitvertreib entstand die Madame von Pompadour und dieser kleine Bastard ward mit der grösten Sorgfalt zu allen den Vollkommenheiten erzogen, welche der künftigen Maitresse eines grossen Herrn nur nötig seyn können. Allein in den Büchern der Schicksale war geschrieben, daß die Jungfer Poisson nicht auf dem geraden Wege zu dieser Würde gelangen sollte. Sie war schön, liebenswürdig und mit allen den Eigenschaften begabt, die ihr eine Menge von Eroberungen erwerben konten. Kurz, sie ward die Gemalin des jungen le Normant d'Estiolles, dessen Vetter bey ihrer Frau Mutter die Stelle ihres entwichenen Mannes vertreten hatte. Der neue Ehemann, der seine Gemalin, auf eine in Paris ungewöhnliche Art liebte und ein ansehnliches Vermögen hatte, aber von Person klein und heslich war, unterhielte die ausgesuchtesten Gesellschaften in seinem Hause; daher es auch hier der Madame d'Estiolles an Liebhabern unmöglich felen konte, deren Zumuthungen sie aber oft mit der Antwort abzuweisen pflegte: "Wenn sie ihrem Ehe=„man jemals untreu würde, so sollte es bey niemand „anders als bey dem Könige seyn." Man hielte solches für einen Scherz, aber ihre Anstalten zur Ausfürung dieses Vorhabens wurden von Tage zu Tage ernsthafter.

C 5 Lan=

Lange hatte sie schon alle ihre Reize dem Könige bey allen Gelegenheiten zur Schau ausgelegt, lange hatte sie alle mögliche Mittel versucht, sein Herz zu rüren, ohne ihren Entzweck erreichen zu können. Die Madame von Mailly war damals noch unumschränkte Beherrscherin desselben und durch Hülfe ihrer Eifersucht entgieng der König den Nachstellungen der d'Estiolles. Dieses Mailly war die erste Person, mit welcher Ludwig 15 seine Liebe gegen seine Gemalin nach einer zwölfjährigen Ehe theilete. Sie hatte noch vier Schwestern, die bis auf eine alle des Königs Maitressen wurden, daher auch ihr Vater, der alte Marquis von Meste einmal sagte: „Weil „Se. Maj. doch bey seiner ganzen Familie geschla=„fen hätten, so wäre er für seine Person selbst nur „noch übrig, die Reihe vol zu machen." Endlich glückte es der d'Estiolles, dem Könige durch Vermittelung eines seiner Kammerdiener, Namens Binet, vorgestellet zu werden. Der Anfang dieses Umgangs fiel zwar nicht nach Wunsch aus, aber nach Verlauf eines Monaths bekam ihr Glück einen neuen Schwung, sie verlies ihren Ehemann, der über ihren Verlust nicht zu trösten war, und begab sich nach Versailles. Der Herr d'Estiolles, der seinen Schmerz unmöglich zu verbergen wuste, wurde durch einen Lettre de Cachet nach Avignon verbannet.

Die Madame d'Estiolles war also nunmehr des Königs erklärte Maitresse und ihre einige Sorge gieng dahin sich in diesem erhabenen Posten so feste zu setzen, daß sie allen eifersüchtigen Bemühungen ihrer Neider und Neiderinnen Trotz bieten konte, und ihr lebhafter und durchbringender Geist gab ihr gar bald die dazu dienlichen Mittel an die Hand.

Die

Die gröste Leidenschaft des funfzehnten Ludwigs ist die Neigung zur Abwechselung in Ergötzlichkeiten. Die träge Langeweile, die treue Gefärtin der Höfe, die ihre eckelhaften Schlummerkörner mitten unter dem Geräusch brausender Freuden unter die Lieblinge des Glücks aussäet, ist seine gröste Feindin. Konte diese Schwäche ihres erhabnen Liebhabers wohl einer Pompadour verborgen bleiben? Ihr erfinderischer Kopf, der alle seine Neigungen zu befriedigen weis, ihre Geschicklichkeit, auch den veralteten und matt gewordenen Ergötzlichkeiten durch einen glücklichen Schwung das Ansehen der Neuigkeit zu urtheilen machte sie gar bald zur uneingeschränkten Beherrscherin seines Herzens und seines Zeitvertreibs. Ohnerachtet das Alter die Reitze ihres Körpers so ziemlich zerstöret hat, so ist sie ihm doch noch immer so unentbehrlich als in dem Früling ihrer Schönheit. Und da er sich einmal so sehr an ihren Geschmack, an ihre Denkungsart gewönet hat, so wird sie nunmehr wohl, wenigstens bey seinem Leben, für allen Wechsel des Glücks gesichert seyn.

Der König war gegen die wichtigen Dienste, so sie ihm leistete nicht unerkenntlich. Er gab ihr sogleich ein Marquisat mit dem Titel der Marquisin von Pompadour. Ihr so genanter Vater wurde Zeitlebens versorgt und begnadiget. Ihr Bruder Poisson, das niedrigste und unwürdigste Gemüth von der Welt, dessen schlechte Herkunft jeder Gedanke, jede Miene, jede Handlung verrät, ward Marquis von Vandiere, oder wie ihn der Spott der Hofleute nante Marquis d'Avantbiere, das heist der Marquis von Vorgestern. Allein dieser Spott gab Gelegenheit, daß er statt dessen den Titel eines Marquis

quis von Murigny bekam, welchen er noch jetzt füret, wobey er Oberauffeher der königlichen Gebäude, Gärten, der Künste, der Academien und Manufacturen ist.

Die grossen Summen, die Madame Pompadour in den vornemsten Banken Europens liegen hat, zeugen von der Freigebigkeit des Königs. Ausser dem treibet sie einen ungebundenen Handel mit ihrer Gnade und ihrem Einflusse, mit den Staatsbedienungen und Ehrenstellen. Ich könte hiervon viele Beispiele anfüren, wenn ich gesonnen wäre, dasjenige Buch auszuschreiben, welches uns vor kurzem einige lesenswürdigen Nachrichten von diesem merkwürdigen Frauenzimmer ertheilet hat. Ich bin demselben bis hieher gefolget, und werde noch einige Umstände daraus anfüren, die sonderlich den Staat betreffen.

Es ist bekant, daß der Herr von Maurepas einer von den geschicktesten Staatsministern im Seedepartement, der mit dem Könige aufgezogen war, und eine vorzügliche Stelle in dessen Gnade bekleidete, auf einmal Bedienung und Gnade verlor. Dieses ist bekant. Aber die wahre Ursach davon ist nicht so bekant. Die Pompadour war nach wenig Jahren eine wahre Invalide und zu den Kammerdiensten des Königs untüchtig geworden, und dennoch wuste sie sich beständig in der Gunst des Königs zu erhalten, dessen Gleichgültigkeit und Eckel ihr doch der ganze Schwarm der Hofleute weissagete. Bey einer gewissen Feierlichkeit machte die Pompadour ihrem Liebhaber ihre Aufwartung mit einem Strausse von weissen Rosen. Als solches dem Herrn von Maurepas erzält wurde, lachte er und sagte: „Ich habe es „wohl gedacht, daß sie Se. Majestät einmal mit
weis-

„weissen Blumen beschencket wird." Dieser Gedanke war die einige Ursach von dem Fal dieses verdienten Ministers.

Ein anderes Opfer ihres Hasses war der berümte Staatssecretair der Marquis d'Argenson. Als die frevelhafte Hand des Damiens dem Könige nach dem Leben getrachtet hatte, wurde seine Wunde anfänglich für gefärlicher gehalten, als sie in der That war und es formirte sich eine Partey, welche der Pompadour in diesen bedenklichen Umständen den Zutrit zu dem Könige verweigerte. Der Bischof trieb solches als eine Gewissenssache. D'Argenson lies sich durch andre Bewegungsgründe dazu verleiten. Allein er that es nicht ungestraft. So bald der König wieder hergestelt war, begab er sich zu der unumschränkten Beherrscherin seines Herzens. Sie klagte ihre erlitne Schmach, drohete, sich vom Hofe zu entfernen, und d'Argenson wurde ohne Gnade abgesetzt.

Der Abt von Bernis hingegen spielete durch Vorschub der Madame Pompadour eine Zeitlang eine sehr ansehnliche Rolle auf der französischen Staatsbüne. Er ist einer der geistreichsten, der zärtlichsten Dichter Frankreichs; das ist unleugbar. Er hat als ein müssiger Abbe der damaligen Madame d'Estiolles fleissig aufgewartet und ihr in den zärtlichsten Liedern seine Liebe geklaget. War gleich die d'Estiolles, die es sich schon damals in den Kopf gesetzt hatte, die Maitresse des Königs zu werden, in diesem Stücke nicht so gefällig, als es der verliebte Abt wohl gewünscht hätte, so behielt sie doch nach ihrer Erhöhung ein danckbares Andenken von seiner Liebe. Der erste Schritt, den sie ihn zu seinem Glücke thun lies, war,

war, daß sie ihn zum Gesandten bey der Republick Venedig ernennen ließ, damit er hier die feinsten Geheimnisse der Staatskunst lernen solte. Allein der verliebte Abt fand es für zuträglicher, das venetianische Frauenzimmer zu studieren, als sich den Kopf mit solchen abstracten Schulfüchsereien zu zerbrechen. Er kam als ein Staatsman zurück, stieg in der grösten Geschwindigkeit bis zur Würde eines Staatsministers, wurde mit einem blauen Bande gezieret und zum Cardinal gemacht. Allein seine völlige Untüchtigkeit zu Staatsgeschäften machte, daß man ihn zur Verspottung nur den Cardinal Richelieu nante.

Als er in der Capelle zu Versailles mit dem Orden des heiligen Geistes bekleidet wurde, so ward unter währender Feierlichkeit ein zusammengerolltes Papier von der Gallerie unter die Ritter geworfen, auf welchem einige poetische Zeilen mit Bleistifte geschrieben waren. Es war eine Art von Parodie auf das Veni Creatur, so bey dieser Gelegenheit gesungen ward. Sie lautet so:

Esprit saint, Divine Essence,
   Daignez guider ce Ministre nouveau;
Et pour l'honneur de la France
   Illuminez son cerveau.

De douze ignorans jadis
   Vous fites autant d'Oracles:
Renouvellez ce miracle
   Sur le pauvre Abbé *Bernis*.

Embrasez le de vos flammes,
   Inspirez lui votre amour;
Qu'il baise un peu moins les Dames
   Et sur tout la *Pompadour*.

Pomp,

)(47)(

  Komm, heilger Geist, regier und lehre
    Den neuen Staatsbedienten hier:
  Erleucht sein Hirn zu Frankreichs Ehre
    Mit deiner Weisheit für und für.

  Du liessest einsmals zwölf Orakel
    Aus so viel Ignoranten sehn;
  Laß doch von neuem dis Mirakel
    Am armen Abt Bernis geschehn.

  Entzünd in ihm der Liebe Kerze;
    Doch füll mit deiner Brunst ihn nur,
  Daß er die Damen minder herze,
    Am mindesten die Pompadour.

Man schrieb diese Verse, wodurch die ganze Ernsthaftigkeit der Ceremonie gestöhret wurde, durchgängig der Herzogin von Orleans zu.

    Nachdem nun der Abt Bernis zu einer Würde erhoben war, die ihn wider die Augen und Urtheile des Volks sicherte, so brachte die Pompadour ganze Tage und auch wohl Nächte mit ihm zu, unter dem Vorwand an Staatssachen zu arbeiten. Allein was wirkliche Staatssachen betraf, die Kammerdienste der Pompadour ausgenommen: so gieng es dem guten Abt Bernis, wie den Affen des Montagne, die mit der grösten Behendigkeit auf die Spitze eines Baums kletterten, aber je höher sie kamen, nur desto mehr ihren Hintern zeigten. Endlich lies sichs der arme Bernis einfallen, die Urheberin seines Glücks selbst zu stürzen; und dieser undankbare Uebermuth beschleunigte seinen eignen Fal. Kurz vor seiner Ungnade hatte ihn die Marquisin zur Cardinalswürde erheben lassen, und man sagt, sie hätte gar den Vorsatz gehabt, ihn gleich nach dem Tode des Papstes, zum Statthalter Christi ernennen zu lassen, wozu einige von ihren gesammelten Millio-
nen

nen ausgesetzt gewesen. Allein der Abt verscherzte sein Glück und muste den Hof meiden.

Mehrere Beispiele von ihrem Einflusse in die Besetzung der ersten Würden des Staats, sonderlich bey der Armee werde ich in einem der folgenden Capitel anfüren. Ich wil nur noch eine Beschreibung ihrer Person liefern, so wie sie uns von einem Schriftsteller geschildert worden, dessen Werk den volkommnen Beifal des Publici erhalten hat.

Als sie zu dem wichtigen Amte einer Maitresse erhaben ward, welches in ihrem 23ten Jahre geschahe, sagt mein Verfasser, war ihre Gesichtsfarbe sehr schön; sie hatte Augen voller Feuer und Bedeutung, wovon das grosse Leben, welches sie ihrem Gesichte gaben, auf eine nicht unangenehme Art mit einem gewissen matten und zärtlichen Wesen gemischet war, welches sie von einer mehr zur Siechheit geneigten Leibesbeschaffenheit erhielt, wovon die blasse Farbe der Lippen ein andres Anzeichen war, welches der Einbildungskraft eben keine günstige Vorstellungen geben konte. Sie verschmähete auch, zur Erhöhung ihrer Farbe, oder vielmehr zur Ersetzung des Abgangs derselben nicht den Beistand eines leichten Anstrichs von künstlichem Roth, wiewohl nicht mehr, als gerade so viel, einen Verdacht zu erwecken. Ihre Gesichtszüge waren alle volkommen zart, ihre Haare nusbraun, ihre Gestalt von mitlerer Länge und ihre Bildung untadelhaft. Nichts konte in der That schöner in der Dünne der Mitte des Leibes spitzig zulaufen. — Es fand sich eine grosse Munterkeit und Lebhaftigkeit in ihrer Person, und beseelte alle ihre Blicke und Geberden vielleicht in einem gar zu grossem Grade, weil es etwas betrugen konte, daß sie wegen eines billigen

vorei

voreiligen Wesens und wegen einer Art sich darzustellen merkwürdig war, die stets eben so ließ, als wenn sie frech sagte: da bin ich. Ueberhaupt wurde durchgängig zugestanden, daß sie damals eine von den schönsten und angenehmsten Frauenspersonen in Paris war.

Gegenwärtig (ein tausendsiebenhundert und acht und funfzig) färet mein Schriftsteller fort, da sie ohngefär achtunddreißig Jahr alt ist, läst es sich schwerlich sagen, wie ihr Gesicht unter einer Zolpicken Lage von Roth und Weis seyn mag. — Da also ihr Gesicht nicht mehr in Betrachtung kömt; so bleibt nur noch anzumerken, daß ausser der Veränderung, welche die Jahre in ihre Person angerichtet haben, ihre Unordnung sie zu einer so erschrecklichen Magerkeit gebracht hat, daß billig aller körperlicher Appetit bey ihr aufhören solte, weil er bey dem wenigen Wesen, das er an ihn finden würde, verhungern müste, indem sie fast eben so vom Fleische abgefallen, eben so unfülbar, eben so wenig zu umarmen ist, als einer von den unterirdischen Schatten, welche an den Ufern des Styx der Färe zuwinken. Man verbinde mit dieser Vorstellung von einem gemalten Grabbildnisse, eine andre, die nicht unfüglich dadurch abgebildet wird, nemlich die Vermummung ihres ganzen Herzens mit List: so hat man die Abbildung der gegenwärtigen Pompadour an Leib und Seele, mitten unter allem sie umgebenden Glanze der Hoheit, des Vermögens und der Gnade eines Königs vor sich.

Dis sind einige wenige Züge von dem Bilde einer Person, welche einen so grossen Einflus in die Schicksale Europens hat; einer Person deren wunderlicher Eigensin schon mehr als einhunderttausend rechtschafnen Franzosen das Leben gekostet hat.

D Vier-

Viertes Capitel.
Ursachen des gegenwärtigen Kriegs.

Die meisten von denjenigen, die sich die Mühe genommen haben, über die Ursachen des gegenwärtigen Kriegs in Deutschland nachzudenken, haben nach Maasgebung ihrer persönlichen Neigung geglaubt, daß entweder die Vergrösserungsbegierde des Königs in Preussen oder das Verlangen der Königin von Ungarn, Schlesien wieder zu erobern, diese Flamme angezündet habe. Beide können indes Unrecht haben, und haben es gewis, wenn man eine dieser Ursachen als die erste und einige ansehen wil. Nein! eine Reihe von Verbindungen und Veränderungen haben diese Revolution bey nahe notwendig gemacht; und hier sind sie.

England und Holland schlossen 1748 einen besondern Frieden mit Frankreich, und Oesterreich muste demselben wider seinen Willen beitreten. Da der König von England sahe, daß dieser Frieden dem Wiener Hofe nachtheilig war, so glaubte er dieses dadurch wieder gut zu machen, daß er die Wahl eines römischen Königs zum Vortheil des Erzherzogs Joseph garantirte.

Wären alle Stimmen im Churfürstencollegio zu vereinigen gewesen, so hätte man allem, auch sogar dem geringsten Vorwand zu einem Kriege im Reiche aus dem Wege räumen können; allein man konte sich mit dieser Hofnung nicht schmeicheln. Die Mehrheit

heit der Stimmen war hinlänglich und man suchte sich dieser zu versichern.

Der König von Preussen, welcher einmal misvergnügt war, konte sich mit Nachdruck widersetzen, und seinen Widerspruch mit den Waffen unterstützen; man beschlos also, ihm von einer andern Seite her die Hände zu binden. In dieser Absicht wurde eine Tripleallianz zwischen der Kaiserinkönigin, der Kaiserin von Rusland und dem Londner Hofe vermittelt und diese Allianz kostete dem letztern Hofe ungeheure Summen, ohne einigen Vortheil dadurch zu erhalten. Man wurde einig, daß die Kaiserin von Rusland, unter dem Vorwand der Sicherheit und dem Schein einer blossen Verteidigung eine zahlreiche Armee an die Grenzen ihres Reichs marschiren und der Wienerhof seine Trouppen auf dem gegenwärtigen Fus stehen lassen solte.

Bey diesen Anstalten glaubte man hinlänglich im Stande zu seyn, die römische Königswahl, so bald man bey dem Reich den ersten Antrag thun würde, durchzusetzen, und die Churfürsten, die derselben entgegen seyn würden, zum Beitrit zu zwingen.

Kaum hatte der König von Preussen von diesem Entwurf Nachricht, als er sich gegen den König von England beschwerete: „Kaum sey der Friede ge-
„schlossen, da schon zwey Mächte denselben zu bre-
„chen suchten, indem sie zur Unzeit ohne Noth und
„blos durch die Mehrheit der Stimmen an der Wahl
„eines römischen Königs arbeiteten, es schien so gar,
„als wenn sie den Anschlag gefast hätten, sich frem-
„der Armeen und besonders der russischen dazu zu be-
„dienen: welches ausdrücklich durch die Reichsgesetze
„verboten wäre. Man wolle also die Kaiserwürde

,,im Hauſe Oeſterreich erblich machen, und dadurch
,,der Freiheit des deutſchen Staats einen tödtlichen
,,Stos verſetzen. Allein man könte verſichert ſeyn,
,,daß der König von Frankreich, als Garant des
,,weſtphäliſchen Friedens, nicht unterlaſſen würde,
,,ſich allem demjenigen zu widerſetzen, was man in
,,dieſem Stücke wider die Grundgeſetze des Reichs,
,,und wider die Rechte und Vorzüge der Churfürſten,
,,welche dieſem Entwurf unmöglich günſtig ſeyn kön-
,,ten, unternehmen würde. ,,

Zu gleicher Zeit brauchte man gewiſſe Miniſter, an
den Höfen der vornehmſten Reichsfürſten, Schweden, Dännemark, Anſpach, Bareuth, Heſſencaſ-
ſel, Würtemberg und einigen andern, einen Arg-
won zu erregen und ihnen glaubend zu machen, die
Tripelallianz habe zur Abſicht, an Rusland ganz
Holſtein zu überlaſſen; man habe dieſer Macht heim-
lich verſprochen, ſie zum Reichsſtand zu machen,
und dem Reiche mit Sitz und Stimme einzuverleiben;
man wolle ihr erlauben, in Holſtein ſo viel Trouppen, als ſie für gut befinden würde, zu unterhalten.
Dieſe Miniſter hatten zugleich Befehl, zu verſtehen
zu geben, daß die Einverleibung eines ſo mächtigen
Staats, als Rusland iſt, allen beſonders aber den
benachbarten fürſtlichen Häuſern gefährlich ſeyn müſ-
ſe. Anſtat in die Aufname einer ſo furchtbaren Macht
in das fürſtliche Collegium zu willigen, ſolten dieſe
Häuſer vielmehr der Tripelallianz eine allgemeine Gegenligue entgegen ſetzen, und ſich in dem alten Recht,
welches ihnen auf das ausdrücklichſte im münſterſchen
Frieden wäre vorbehalten worden, zu ſchützen; näm-
lich, daß ſie über die Frage, ob man zu dieſer Wahl
ſchreiten ſolle? und über die Frage, welchen Prinzen

man

man zum römischen König wälen solle? einen Ausspruch thun könten. Diese Gegenligue wäre um desto nothwendiger, weil nur einige Churfürsten bey dieser Wahl hielten, welche sich wegen ihrer Anfoderungen Recht verschaffen konten, da man indessen die andern Fürsten mit dem ihrigem von der Regierung eines Kaisers zur andern verwiese, und ihnen Recht zu verschaffen, auf alle Art und Weise Umgang zu nemen gesucht habe.

Zwar hätten diese alten Häuser, setzten sie hinzu, vermittelst der eingelegten und angenommenen Protestation bey jeder Wahl eines römischen Königs ihr Recht beibehalten; allein sich ausser Stand gesehen, es jemals gültig zu machen, theils, weil sie für sich zu schwach wären, theils weil die Fürsten aus ihrem Collegio, welche ihnen ihr Recht hätten können behaupten helfen, ihre eignen Vortheile dem Besten ihrer Mitstände vorgezogen hätten.

Die Zeit ist da, schlossen sie endlich, da sie sich aus dieser Art von Sclaverey reissen könten. Unser König will und kan nicht die Unterdrückung des teutschen Staats mehr erdulden. Er bietet euch alle seine Macht dar, und hoft, den König von Frankreich als Garant eurer Rechte zu vermögen, daß er eure Entschlüsse unterstützet.

Diese Sprache schmeichelte den Prinzen, welche einen Beschützer suchten, der mächtig gnug wäre ihre Ansprüche durchzusetzen. Man sah sogleich verschiedene Schriften, wider die Wahl eines römischen Königs zum Vorschein kommen. Der König von Preussen machte, sein Ansehen im Reich zu verstärken, die Declaration, welche dem Grafen von Puebla, Minister des Wiener Hofs in Berlin war gethan worden, bekant. Se. Majest. erklärten sich gegen diesen Minister ganz deutlich: „Nimmermehr „solte man durch solche unerlaubte Wege zu der „Wahl eines römischen Königs gelangen; eben so „nötig wäre über eine immerwärende und unverletzliche „Capitulation eins zu werden, damit dem teutschen „Reiche seine Rechte und seine Freiheit sicher gestelt „würde; Er, der König von Preussen, habe bey „der im Vorschlag gebrachten Königswahl das mei„ste zu verlieren, er wolle sich ihr auch am meisten „widersetzen und folglich käme der Erfolg dieser Wahl „auf die Mehrheit der Stimmen an." Dieser Monarch gieng noch weiter; er bot dem Wiener Hofe seine und seiner Alliirten Vermittelung an, diese wichtige Sache zum Vergnügen dieses Hofs zu Stande zu bringen. Allein war das nicht eine Verwegenheit?

Der König von Frankreich, welcher damals mit dem Berliner Hofe gemeinschaftliche Sache machte, ließ 1752 durch seinen Minister am Londner Hof die Erklärung thun: „Er würde jederzeit die Wahl eines römischen Königs mit Vergnügen sehen; nur müste sie durch einmütigen Schlus des Churfürstl. Collegii allein und mit Zufriedenheit aller Reichsfürsten geschehen, und er sich nicht genötiget sehen, als Garant des Münsterschen Friedens die Parthey der beleidigten Fürsten zu nemen.

Der wienerische Hof erhielt von seinen Ministern, welche im Reich an verschiedenen Höfen stunden, glaubwürdige Nachricht von dem Misvergnügen gewisser Fürsten, und hielt nunmehr für das sicherste, die Maasregeln zu ändern, und sich mit ihnen in Unterhandlungen einzulassen. In dieser Absicht bediente man sich des Königs von England, welcher über

sich

ſich nam, den Churfürſten von der Pfalz auf die Seite zu ziehen. Indeſſen gieng dieſe Unterhandlung nicht von ſtatten.

Bey dieſen Umſtänden brachte der König von Preuſſen eine Ligue mit den altfürſtlichen Häuſern des Reichs, welche der Tripleallianz entgegen geſetzt war, zu Stande; die Gefar und die Rechte des teutſchen Staats waren der Vorwand davon. Dieſer Monarch brachte es dahin, daß man ihm die Direction der wichtigſten Angelegenheiten ſowol dieſer Häuſer als auch des Corporis Evangelicorum auftrug. Schweden und Dännemark traten auch bey, man ſchrieb, man unterhandelte, man ſchlug eine allgemeine Verbeſſerung der Reichsverfaſſung und Reichsverwaltung nach einem neuen Plan vor.

Der Münſterſche Friede, ſagte man, iſt der neueſte Grund, auf welchem ſich die gegenwärtige Staatsverfaſſung des Reichs gründet. Gleichwol wird dieſer Friede nicht beobachtet. Man führte wohl hundert Beſchwerden an, denen abgeholfen werden ſollte. Seit dieſem Friedensſchlus ſind fünf Kaiſer geſtorben, ohne daß man etwas hätte erhalten können. Es iſt alſo kein ander Mittel, ſetzte man hinzu, als dieſen Frieden umzuſchmelzen, und die gehörigen Maasregeln anzuwenden, welche die Volziehung deſſelben beſſer feſtſetzen können. Wir wollen uns die gegenwärtigen Umſtände zu Nutz machen, um zu der freyen Ausübung unſrer Rechte wieder zu gelangen.

Die alten Capitulationen ſind übertretten worden; wir wollen eine neue aufſetzen, welche uns die Freiheit der Wahl, den koſtbarſten Schatz des teutſchen Staats, auf ewig ſicher ſtellt.

Der Plan der Fürsten von dieser Gegenpartey enthielt noch dieses: man wolte verhindern, damit die Kaiserwürde nicht in einem einzigen Haus erblich würde; man wolte die Artikel des westphälischen Friedens, welcher alle Churfürsten wahlfähig macht, in Erfüllung bringen, und diese Würde in den Häusern der Fürsten von allen dreien Religionen, die im Reich geduldet werden, herumgehen lassen.

Man fügte diesem Plan noch viel andre sonderbare Einrichtungen bey. Z. E. daß die Reichslehen, welche offen stünden, oder inskünftige offen stehen würden, mit der römischen Kaiserkrone wieder vereiniget, die geringern freien Reichsstädte unterdrückt, gewisse geistliche Churfürstentümer, Bistümer und andre Reichslehen, zum Vortheil der Familien der gegenwärtigen Besitzer, oder andrer weltlicher Fürsten secularisiret werden solten. Der Ehrgeiz setzte sich vor, sich in die der Kirche entzogenen Güter durchs Loos zu theilen. Sogar das Haus Oesterreich würde zwey reiche Bistümer erhalten haben, wenn es die Gefälligkeit gehabt hätte, diesem gehäßigen Anschlag hülfreiche Hand zu bieten.

Da endlich das System der drey im Reich gestatteten Religionen durch diesen Plan nicht den geringsten Abbruch leiden solte, so versicherte man, daß der Staat von Deutschland in kurzem zu seinem alten Glanz wieder gelangen, und an Macht und Stärke ansenlich wachsen würde.

Das Project wegen Secularisation der Stifter war nicht neu. Der Münsterische Friede giebt merkwürdige Beispiele davon. Sie wurde von Kaiser Carl 7 aufs neue aufs Tapet gebracht; allein weil die entworfne Theilung zu ungleich ausgefallen war,

so

so arbeiteten verschiedene Fürsten von der Ligue selbst an der Vernichtung desselben; welches ihnen auch nicht viel Mühe zu bewerkstelligen kostete.

Dis sind die Bewegungen, welche von Seiten einiger mächtigen Reichsfürsten unterhalten wurden, um die römische Königwahl vor jetzo zu hindern und zu machen, daß sie nicht auf einen Prinzen des österreichischen Hauses fallen möchte. Lasset uns sehen, wie dieses letztere Haus, welches am meisten dabey interessirt war, sich dagegen verhielt.

Der König von Preussen war der Urheber und die ganze Stütze dieser Gegenligue; es waren also auch alle Oesterreichische Maasregeln hauptsächlich gegen ihn gerichtet. Hier aber müssen wir ein wenig weiter hinauf gehen.

Der Verlust Schlesiens und der nach dem Breslauer Frieden von dem Könige in Preussen aufs neue erregte Krieg wider den wienerschen Hof musten den letztern mit allem Recht wider den ersten aufbringen. Man konte einen so nahen Nachbar nicht mit gleichgültigen Augen so mächtig werden sehen. Die vortreffliche Staatskunst des erleuchteten Herrn Grafen von Brühl, sahe dieses gleichfals ein und er war einer der ersten, der diesen mächtigen Nachbar zu demüthigen beschlos. Der glückliche Erfolg des Feldzugs von 1744. gab den Höfen zu Wien und Dresden Hofnung, daß dieses Project vielleicht so unmöglich nicht seyn werde. Kurz, man schlos den 1. May 1745. einen allenfalsigen Theilungstractat; kraft dessen der Wienerische Hof das Herzogtum Schlesien und die Grafschaft Glatz, der König von Polen und Churfürst von Sachsen aber die Herzogtümer Magdeburg und Crossen, die Creysse Züllichow

chow und Schwibus nebst dem preussischen Antheil von der Lausnitz bekommen solte.

Ob nun gleich der den 25ten Dec. 1745. geschlosne Dresdner Friede den Theilungstractat vor diesmal zu Wasser machte, so liessen ihn doch diese beyden Höfe aus einer grosmütigen Standhaftigkeit noch nicht faren. Man schlug von Seiten des Wiener Hofs dem sächsischen einen Verbindungstractat vor, worin der Theilungstractat erneuert werden solte. Der sächsische Hof glaubte, daß er vor allen Dingen sein System besser befestigen, und dasselbe auf eine Allianz mit den rußischen und Wiener Höfen gründen müste. Beide Mächte schlossen auch wirklich den 12. May 1746 zu Petersburg eine Defensivallianz, welcher sechs geheime Artickel beigefügt wurden, von welchen der vierte einzig und allein wider Preussen gehet.

Dieser Petersburger Tractat, war die Grundstütze, worauf die ganze Oesterreichische Politick von dem Dresdner Frieden an beruhete, und die vornehmsten Unterhandlungen des Wiener Hofs giengen dahin, diese Allianz durch den Beitritt anderer Mächte zu verstärcken.

Der sächsische Hof war der erste, den man im Jahr 1747 dazu einlud. Dieser Hof stimmete sogleich mit allem Eifer bey; und wer hätte auch wohl einer so starken Versuchung, als die in dem Theilungstractat diesem Hofe versprochne Länder waren, widerstehen können? Der Hr. Graf von Brühl schob zwar aus einer klugen ihm beiwohnenden Unentschlossenheit von einer Zeit zur andern auf, dem Petersburger Tractat förmlich beizutreten, indessen bezeigte er seinen Alliirten unzäligemal, daß er bereit

reit sey, ohne Vorbehalt beizutreten, so bald es sich
ohne die augenscheinlichste Gefahr würde thun lassen,
und nachdem man ihn wegen des Antheils von den
erhaltenen Vortheilen sicher stellen würde. Er for-
derte 1757, daß der König von England, als
Churfürst von Hannover den geheimen Artickeln des
Petersburger Tractats zuerst beitreten solte. Allein
diese Bemühungen waren vergeblich.

Die Widersetzlichkeit des Königs von Preussen
wider die römische Königswahl, ertheilte allein diesen Bewegungen eine neue Lebhaftigkeit. England
hatte die Vermitlung dieser Wahl über sich genommen, weil es aber Bedenken fand, den geheimen
Artickeln des Petersburger Tractats förmlich beizutreten: so verursachte dieses eine Kaltsinnigkeit zwischen beyde Höfe. Der König von England bot
dem wienerschen Hofe Subsidien an, sie wurden
aber ausgeschlagen, doch versicherte man, daß dieses im geringsten nicht das gute Verständnis, welches seit so langer Zeit zwischen dem österreichischen
und braunschweigischen Hause obwaltete, unterbre-
chen solte.

Der in den geheimen Artickeln erneuerte Theilungstractat gründete sich auf einen jeden Krieg, den
Preussen mit Rusland oder Polen haben würde;
als in welchem Fal die Kaiserin Königin berechtiget
seyn solte, Schlesien wieder zu erobern. Man muste also einem solchen Krieg veranlassen und man bediente sich hierzu aller derjenigen Mittel, die die fein-
ste Staatskunst schon seit langer Zeit privilegiret hat.
Man erregte von Seiten des wienerischen und sächsischen Hofs ein unauslöschliches Misverständnis zwischen Preussen und Rusland und bürdete dem erstern
tau-

tausend schädliche Absichten wider das letztere und wider Polen und Schweden auf.

Man sagte: der König von Preussen hätte ehrgeitzige Absichten auf Curland, polnisch Preussen und Danzig. Die Höfe von Frankreich, Preussen und Schweden brüteten auf dem Fal einer Erledigung des polnischen Throns weit aussehende Projecte aus; der König von Preussen habe allerhand gefärliche Anschläge wider die Person Ihrer rußischen Majestät selbst; er wil Dännemark zum Besitz des Herzogthums Holstein verhelfen u. s. f.

Alles dieses hatte seine gute Wirkung und der gesamte Senat in Rußland setzte den 14ten May 1753 als eine Grundregel des Reichs die Entschliessung fest, das Haus Brandenburg bey der ersten Gelegenheit in seinen ersten Stand der Niedrigkeit herunter zu setzen. Diese Entschliessung wurde 1755 im October erneuert und so weit ausgedehnet, daß der König von Preussen ohne weitere Untersuchung angefallen werden solte, sobald er mit einem von den Bundsgenossen dieses Hofs im Krieg verwickelt werden würde.

Frankreich suchte seines Orts es mit keiner Partey zu verderben und bemühete sich besonders den Wiener Hof zu gewinnen, ohne doch mit Preussen zu brechen. Es sahe schon damals den Krieg voraus, den es jetzo mit England füret, oder vielmehr, es hatte ihn schon damals beschlossen.

So lange der Londner Hof genau mit dem Wiener Hof alliirt war, sahe man zu Versailles mit Vergnügen, daß der letztere mit den vornemsten teutschen Häusern in keinem sogar guten Verständis lebte. Die französischen Minister unterliessen nicht, an
allen

allen Höfen, denen die Sache angieng, bey aller Gelegenheit von nichts, als von der Garantie des Münsterschen Friedens zu reden; ein vortrefliches Mittel, sich beiden Theilen nothwendig zu machen.

Der Krieg fieng sich nunmehr zwischen England und Frankreich an. England wendet sich an den Wienerhof und verlangt die in den Tractaten stipulirte Hülfe. Man soll die erforderlichen Trouppen nach den Niederlanden marschiren lassen, und eine mächtige Diversion wider Frankreich versuchen. Allein zu Wien fand man weislich, daß der Casus foederis nicht vorhanden sey.

Wir können nicht, sagte man zu Wien, unsre eigne Staaten entblössen, um zum besten eines Alliirten eine Diversion vorzunemen, da wir selbst nicht sicher sind. Der böse König von Preussen verursachet uns beständig Händel im teutschen Reich. Er hat sich (man denke einmal!) an die Spitze einer einheimischen Ligue gestellet, welche das Haupt des teutschen Reichs offenbarer Weise verachtet und ungescheuet seinen Decreten keinen Gehorsam leistet. Er macht sich von Tage zu Tage durch seine Intriguen furchtbarer, veranstaltet gewaltige Kriegsrüstungen und was das ärgste ist, so ist er ein getreuer Alliirter von dem Erbfeind des teutschen Reichs, von dem König in Frankreich.

Und in der That die von England verlangte Diversion würde für Oesterreich höchst nachtheilig gewesen seye; es würde sich dadurch die meiste Macht Frankreichs und die ganze Macht der Ligue der Fürsten, die Preussen zum Haupt und Frankreich zum Alliirten hatte, auf den Hals gezogen haben. England sahe die Stärke dieses Schlusses ein; es nam

es

es über sich, die größte Schwierigkeit, die man ihm entgegen setzte zu heben, und dem wiener Hof die Furcht wegen eines Ueberfals von Seiten der alliirten Fürsten Frankreichs zu benemen.

Seine erste Sorge war, die Kaiserin von Rusland dahin zu vermögen, daß sie eine Armee von 66000 Mann auf ihre Kosten bereit und fertig hielt, die auf den ersten Wink marschiren solten, sobald der König von Preussen und seine Alliirten die geringste Bewegung im Reich machen würden. Dis Mittel war vielleicht noch nicht hinlänglich, den Wiener Hof sicher zu stellen; der König von England that noch mehr. Er gieng an den König von Preussen selbst und tractirte mit ihm. Kurz, dieser wurde ein genauer Alliirter von ihm und declarirte, ohne eben ausdrücklich die in den Niederlanden in Vorschlag gebrachte Diversion ausschliessen zu wollen, daß er sich allem Einmarsch fremder Trouppen und aller Feindseligkeit im teutschem Reich mit aller Macht widersetzen würde.

In diesem Tractat wurde eine Garantie der preussischen Staaten mit eingerückt, die dem Interesse des Hauses Oesterreich und dem Theilungstractat gerade zuwiederlief.

Der Londner Hof gab zur Antwort: Man habe Preussen darin nichts weiter garantiret, als was ihm schon vermöge der durch die vorhergehenden Tractaten und Reichshandlungen stipulirten Garantien gehörig war; man habe das Interesse der alten Alliirten nicht aus den Augen gesezt; noch weniger diesem Monarchen die Freiheit verstattet, sie anzugreifen, und da nunmehr von Stund an, alle Besorglichkeit von dieser Seite ohne Grund wäre, so

stunde

stunde dem Marsch der abzuschickenden Hülfstrouppen nichts mehr im Wege.

Der Wiener Hof war gegen diese Vorstellungen taub; zu gleicher Zeit gab er den letzten Vorschlägen der Minister des französischen Hofs Gehör, welcher über den König von Preussen eben so misvergnügt, als der Wiener über den König von Engeland war.

Diese Gleichgültigkeit des Wiener Hofs zwang den König von England ein neues System zu errichten, und sich mit dem Könige von Preussen näher zu verbinden. Die wider die römische Königswahl vereinigten Reichsfürsten hatten ihn, als Churfürsten von Hannover betrohet und ihm ein Verbrechen daraus gemacht, daß er sich zu Betreibung gedachter Wahl gebrauchen lies und sie zu befördern, weder Unterhandlungen, noch List, noch Geld, sparet. Der Churfürst von Hannover sönete sich nunmehr mit dieser Ligue aus und vereinigte sich mit ihr, indem er sich mit ihrem Haupt vereinigte.

Der König von Preussen sahe nunmehr wohl ein, daß er sich den Hof von Versailles zum Feinde machte, da er sich mit England genauer verband. Gleichwol hofte er, daß ihm der französische Hof es Dank wissen würde, daß er ihn von der Furcht für einer Diversion in den Niederlanden befreiet habe. Diesem zu Folge lies er gegen den König von Frankreich erklären: Er schmeichle sich, ihm keinen geringen Dienst erwiesen zu haben, daß nunmehr Oesterreich von der englischen Partey getrennet sey; statt seine Kriegsunternemungen wider die Engländer einzuschränken, habe er es ihm nunmehr leichter gemacht, dieselben mit Nachdruck durchzusetzen; er habe die Russen, als

ihre

ihre gemeinschaftlichem Feinde zu derselben Zeit aufgehalten, und dadurch die Ligue der Reichsfürsten gewaltig verstärkt; es komme also auf weiter nichts an, als daß das Project, den Krieg ins Churfürstentum Hannover zu spielen, umgeschmelzt würde; diese Veränderung in dem Plan der Kriegshandlungen werde um desto weniger Schwierigkeiten haben, da die Niederlande in der Garantie dieses Churfürstentums im geringsten nicht begriffen wären. „Dieser Tractat war eben so klug als fein eingeleitet. „Aber er hatte ganz andre Folgen, als man sich vermutete."

Das Misvergnügen des Hofs zu Versailles wider den König von Preussen, das Misvergnügen des Wiener Hofs wider eben diesen Monarchen und den König von England, der geheime Artickel des Petersburger Vertrags, der Theilungstractat und andre Ursachen mehr, die jetzo ein Geheimnis sind, aber künftig durch die Folgen werden entdeckt werden, haben endlich verursacht, daß der Tractat von Versailles zu Stande gekommen ist. Diese Allianz ist für Oesterreich und Frankreich, wenigstens in den gegenwärtigen Umständen ein wichtiger und nützlicher Staatsstreich.

Die Tractaten hatten nicht gleich Anfangs die traurigen Wirkungen, die nachmals erfolgten. Das Elend zeigte sich nur noch blos in der Ferne. Der zu Versailles verbarg sein Misvergnügen über die neuen Maasregeln des Berliner Hofs. Zu Anfang des 1756. Jahrs schien es, als wenn sich Preussen und Rußland wieder aussöhnen wollten, allein durch die weisen Bemühungen des Grafen von Brühl wurde diese der gemeinen Sache so nachtheilige Veränderung

rung glücklich verhindert, und die Verbitterung des Hofes zu Petersburg nur noch höher getrieben. Im April fieng Rusland an, sich zu Lande und Waſſer mächtig zu rüſten; ohne daß England die verſprochne Hülfsleiſtung gefordert hatte. Zu gleicher Zeit ſahe man Böhmen und Mähren mit Trouppen überſchemmt, es wurden Lager geſchlagen, Magazine aufgerichtet und alle Anſtalten zu einem nahen Kriege gemacht. Alles dieſes geſchahe unter dem Vorwand, ſich auf alle mögliche Fälle in Poſitur zu ſetzen.

Ich habe ſchon einmal geſagt, daß die Volziehung des Theilungstractats den Fal vorausſezte, daß der König von Preuſſen Aggreſſor ſeyn muſte. Hierzu muſte man ihn nun zwingen, und keine Zeitumſtände waren hierzu bequemer, als die gegenwärtigen. Man ſahe leicht voraus, daß die Hitze und der wirkſame Muth des Königs von Preuſſen, die Anſtalten von allen Seiten an ſeinen Grenzen nicht mit gleichgültigen Augen anſehen würde; zumal da er von allen Bewegungen ſeit ſo vielen Jahren vollkommen unterrichtet war. Er lies durch ſeinen Geſandten in Wien um die Urſache dieſer Rüſtungen anfragen; man antwortete zweideutig. Er lies noch einmal anfragen; man antwortete noch dunkler. Er bat, er verlangte Sicherheit für dieſes und das künftige Jahr. Umſonſt, man verſagte ſie ihm.

Hierdurch erhielte man, was man ſo lange gewünſcht hatte. Der König brach auf einmal an der Spitze von 60000 Man in Sachſen ein, eben an dem Tage, da einer ſeiner Generale mit 40000 Man in Böhmen einfiel. Er treibt Geldſummen in Sachſen ein, wirbt Trouppen an und erſchöpft hierdurch

durch das Land, welches er für gut befunden hat, zum Schauplatz des Kriegs zu machen.

Der kaiserliche Hof fürt hierüber die heftigste Klage. Er giebt den König und zwar mit Recht für den Aggressorem aus. Das oberste Haupt des Reichs und der Reichshofrath begegnen ihm mit der äussersten Härte, stellen Unterhandlungen sowol auf dem Reichstag, als auf den Kreistägen und an den fürstlichen Höfen an, und überal erhalten sie ihren Decreten gemässe Entschlüsse. Calvinist, Lutheraner, Catholik, alles vereiniget sich wider ihn. Selbst seine Anverwandten haben nicht das Herz ihre Stimmen zu verweigern.

Was seit der Zeit vorgefallen, ist schon so oft gesagt worden, und jederman so sehr bekant, daß es hier nicht noch einmal wiederholen mag. Nur der jetztgemeldete Zusammenhang der Begebenheiten verdiente eine Wiederholung, diejenigen zum Nachdenken zu bringen, die auf der einen Seite wider die Vergrösserungsbegierde des Königs von Preussen, und auf der andern Seite wider die Untreue der Kaiserin Königin die Ohren des Publici beynahe taub geschrien haben.

Fünftes Capitel.
Von dem Seekrieg zwischen England und Frankreich.

Dieser Krieg entstand, wie die gange Welt weis, wegen den streitigen Grenzen von Acadien in Nordamerica. Dieses Land, welches auch unter dem Namen Neuschottland, Guspasien u. s. f. bekant ist, war

war eine geraume Zeitlang bald von den Franzosen, bald von den Engländern besessen worden, bis endlich der Utrechtische Vertrag die grosbritannische Nation zur völligen Meisterin davon machte und dieses auf eine so feierliche Weise, daß die Franzosen auf dieses Gebiete niemals den mindesten Anspruch mehr machen konten. Diese Provinz würde sie nebst Cap Breton furchtbarer und mächtiger gemacht haben, als alle übrige Etablissements in diesem Lande. Sie würden sich hierdurch des algemeinen Fischfangs, des gänzlichen Pelzwerkhandels und alles zum Seewesen nöthigen Bauholzes bemächtiget haben. In dem Fischhandel hatte es Frankreich bereits so weit gebracht, daß es auf den Küsten von Terra Nova järlich mehr als 500 Schiffe gebrauchte. Es versahe sich daselbst nicht allein selbst mit allen Arten von Fischen, die es sonst aus England zog, sondern es brachte deren auch sehr viele nach Spanien, Portugal und Italien, welches dem englischen Fischfang einen grossen Abbruch that. Es besitzt das beste Salz und dieses haufenweise. Seine Schiffe brauchten also keine Zeit mit der Einladung zu verlieren, da die Englische diese Waaren erst zu Rochelle, Oleron, St. Martin u. s. f. holen mussten.

Frankreich hatte nichts versäumt, seinen Fischhandel immer blühender zu machen. Anfänglich hat es um die Erlaubnis, gegen Erlegung von 5 pro Cent auf den Küsten von Terra Nova zu fischen; aber es fand bald das Geheimnis, sich von dieser Abgabe los zu machen. Durch den Utrechter Frieden erhielt es den Fischfang auf Cap Breton, der hundertmal reicher ist, als der von Terra Nova, der damals gleichsam ganz erschöpft war. Es hatte
noch

noch überdieses damals das Recht erhalten, als
den Fisch zu bereiten, für die Fischer Wonungen zu
bauen, und während der ganzen Fischfangszeit Hütten zu haben. Es hatte zwar Placencia und einige
andre Orte an England abgetreten, aber es war so
vorsichtig gewesen, die besten für sich zu behalten,
welches ihm denn mehr Freiheit gab, als den Engländern, die ihren Fisch auf dem Gebiet der Franzosen nicht zubereiten konten.

Die Anzahl der französischen Kriegsschiffe vermehrte sich seit dieser Zeit so, wie die Anzal der zum Fischfang bestimten Schiffe zunam, welche letztern die
Pflanzschule ihrer versuchtesten Matrossen wurden.

Die Stadt Bourdeaux hatte 1720 zu ihrem americanischen Handel ohngefär 30 Schiffe und kurz
vor dem jetzigen Kriege schickte sie deren über 300 dahin. Seit eben dieser Zeit ist der Zuckerhandel, der
sich järlich nur auf 30000 englische Faß erstreckte,
bis auf 1200000 gestiegen, wovon sie zwey Drittheil
an die Spanier, Holländer und Hamburger verkauften; der Engländer hatte diesen Theil nur auf 22000
Fas vermeret, wovon er wenig ausführen lassen konte, da er doch sonst die Fremden und Frankreich selbst
damit versahe.

Der Handel mit Pelzwerk, welches Frankreich aus
Canada zog, belief sich auf 130000 Pf. Sterling,
da England aus allen seinen nördlichen Colonien
nur etwa für 90000 Pfund Sterling empfieng.

Frankreich bekam alle Jahr zwey bis drey Millionen Sterlinge Remisen, für Zucker, Indig, Caffee,
Ingber, Pelzwerk, Castorhüte, Stockfisch und
andre americanische Waaren; es zog auch noch aus
Grosbritannien und Irland bey eine Million, theils

an

an Wolle, theils an baarem Gelde für caraibische Leinwand, Thee, Weine, gebrante Wasser u. s. f.

Aus diesen wenigen Zügen kan man sehen, daß dieser einträgliche Theil von Nordamerica schon eine Balgerey werth war. Aber das setzt den größten Theil der Welt billig in Verwunderung, daß diese Balgerey anfänglich so erbärmlich schlecht für die Engländer ausgefallen ist, die bey allem ihren ungeheuren Aufwand, bey ihren fast unzäligen Flotten beynahe zum Gelächter bey ihren Feinden und Freunden geworden wären.

Es hat Leute gegeben, die die Ursache davon in dem üblen Betragen des damaligen englischen Ministerii zu finden glaubten: und die Warheit zu sagen, haben sie ihren Satz mit Begebenheiten bestätiget, die so ziemlich erleuchtend sind.

Als der Krieg in America angieng, war der General Braddock mit englischen Trouppen nach America geschickt worden, Seine Niederlage die von seinem Tod begleitet wurde, ist bekant. Der Minister, der den Plan zu dieser Unternemung gemacht hatte, hatte ihn so ungeschickt gemacht, daß man ihm nicht einmal einen andern General an die Seite gesetzt hatte, im Fal dem Braddock etwas menschliches widerfaren solte. Als das letztere wirklich erfolgt, wurde das Commando der Trouppen dem General Schirley aufgetragen. Dieser wackere Man war bey der Rechtsgelahrheit erzogen und in ihrer Ausübung alt geworden; durch unerwartete Zufälle erhielt er zuletzt das Gouvernement von einer Provinz in Neuengland. Er war niemals bey einer Belagerung oder Schlacht zugegen gewesen, und seine kriegerischen Fähigkeiten versprachen einen sehr mittelmässigen Erfolg in Besorgung der militarischen Angelegenheiten. Nichts destoweniger wälete ihn der englische Minister, die Armeen des Königs in America zu commandiren, und legte ihm eben den Gehalt zu, wie ehedem dem Herzog von Marlboroug. Ueberdis war Herr Schirley zu Paris, wo er sich eine lange Zeit als Commissär zur Festsetzung der Grenzen von Neuschottland aufgehalten hatte, so gut als zu London bekannt, so daß das französische Ministerium, welches seine Fähigkeiten volkommen kante, wenig Gefar von ihm befürchten durfte. Die Pariser waren in der That von der Ernennung dieses Mannes zum obersten Befehlshaber so eingenommen, daß das erste Compliment, welches sich die Personen, die ihn gekant hatten, machten, dieses war: „Was „denken sie davon, mein Herr, der englische Mini„ster hat unsern guten Freund, Hrn. Schirley zum „General der königlichen Armeen in America er„nant."

Seiner Bestimmung zu dem obersten Commando zu folgen, reisete Schirley nach Albanien, wo er, nachdem er lange Zeit dem berümten Fabius und Zaudrer gleich zu kommen gesucht hatte, endlich mit dergleichen Bedachtsamkeit, so daß er endlich alle Schritte zälete, seinen Marsch nach der See Ontario antrat. Weil er auch so noch zu zeitig angelanget war, und er sah, daß nichts gegen den Feind zu thun war, so marschirte er eben so bedächtlich wieder zurück, indem er keinen Wiederstand vor sich fand, den er nicht glücklich überwunden hätte. Dis war der Anfang und das Ende des berümten Feldzugs des Generals Schirley.

Das

Das folgende Jahr giengen erst im April die Transportschiffe mit einigen Regimentern nach America ab, da es schon viel zu spät war, als daß sie daselbst einigen Nutzen hätten stiften können, und immer wurde noch an keinen Befehlshaber gedacht. Endlich wurde innerhalb zwey Monaten auf den Hrn. Schirley, Herr Webb, auf dem Hrn. Webb, der General Abercrombie, und endlich Lord Laudon dahin geschickt. Durch ein so kluges und feines Betragen erfüllete der Minister wirklich die Schrift, wenn sie sagt: die Ersten sollen die Letzten und die Letzten die Ersten seyn. Denn natürlicher Weise hätte Lord Laudon voraus, und Webb und Abercrombie, ihm nachreisen, und so, wie sie unter ihm im Commando stunden, in ihre Plätze eintreten sollen.

Ausser diesen schönen Anstalten bey Abschickung des vornemsten Generals verdienet noch angemerkt zu werden, daß die niedern Officiers von Lord Laudons Regiment, nebst den Waffen, Ammunition und andern Kriegsvorräten, den 12. Junii noch nicht zu Portsmouth eingeschiffet waren. Ganz besonders weise war endlich der Einfal des Ministers, da er die Lavetten von allen Canonen auf das eine Schif, die Canonen selbst auf ein anders, die Kugeln auf ein drittes und das Pulver auf ein viertes bringen lies. Durch diesen so fein ausgesonnenen Anschlag verhielt sich die Gefar eines fruchtlosen Erfolgs der ganzen Unternemung wie viere gegen eins. Denn der Verlust eines einigen Schifs muste notwendig die ganze Unternemung fruchtlos machen.

Hierzu kan man noch nehmen, daß man von den Holländern 500 Fässer Schiespulver kaufte, und zwar um listiger Weise dem Feinde zuvorzukommen, mit so vieler Eilfertigkeit, daß man es nicht einmal vorher probirte. Also fand sich, wie es zur Probe kam, daß das Pulver so viel Wirkung that, als Sägespäne.

Die öffentlichen Schriftsteller in England machten sich damals über die Widersprüche ungemein lustig, die sie in den Tractaten mit Rusland, Preussen, Hessen u. s. f. zu finden glaubten. Ich übergehe sie, weil ihr Spott gewis übertrieben ist, und ohne Ruksicht auf die verschiedene Umstände der Zeit geäussert worden. Ich wil nur noch des für England so empfindlichen Verlusts von Minorca gedenken, wobey die augenscheinlichsten Feler von Seiten des Ministerii vorgegangen sind. Zu Anfang des Jenners 1756 waren alle Zeitungen vol von den gewaltigen Zurüstungen der Franzosen zu Toulon. Es war bekant, daß es damit auf Minorca abgesehen sey, und selbst kein Franzose verhelete solches; demohnerachtet machte man in England auch nicht die mindeste Anstalt diese Insel zu verteidigen, ohnerachtet der tapfere Commendant zu St. Philip einmal wie das andere um Verstärkung anhielt.

In der letzten Relation, die dieser brave Man abschickte, drückte er sich so aus: „Ich habe oft bey „dem Minister um Verstärkung Ansuchung gethan. „Ich habe eben so oft das Versprechen erhalten, „daß mir dieselbe zugeschickt werden solte, mich aber „allemal in meiner Hofnung betrogen gesehen. Ich „stelle mir vor, daß sich dieses mit meinem Untergang „endigen wird, und daß ich ein Opfer ihrer Nach„läßigkeit seyn werde. Dem sey wie ihm wolle, solte „mir auch mein Leben um ein oder zwey Jahr verkürzt „werden, so wird mich solches desto geschwinder an
„den

„den Besitz desjenigen setzen, was ich euch verlassen „werde, und welches ich mich glücklich zu geniessen „wünsche."

Während nun, daß gantz Europa diese Nachläßigkeit mit Erstaunen ansah und jedes Brittisches Hertz zum Voraus für Warten der Dinge zitterte, die da notwendig kommen musten, so waren die Minister auf eine rümliche Art damit beschäftiget, Wetten anzustellen, daß zu Toulon weder eine Flotte, noch Seeleute, eine Flotte auszurüsten, vorhanden wären, und wenn auch eine Flotte vorhanden seyn solte, sie doch nicht vor Mahon bestimt wäre.

Inzwischen lag die englische Flotte volkommen mit Volk besetzt und zum Auslaufen ausgerüstet, siegprangend zu Spithead vor Anker und das Haupt von der Admiralität, das als Admiral besoldet wird, hatte Urlaub, sich mit einem jährlichen Gehalt von tausend Pfunden anderwärts aufzuhalten.

Endlich nachdem ein Monat unter der Sorglosigkeit der Minister verlaufen war, so lief der Admiral Byng den 2 5ten April mit zehn Schifen von der Linie von Spithead aus, nach der mittelländischen See zu. Wärend dieser vier Monate von Nachläßigkeit war la Galissoniere mit zwölf Schiffen von der Linie und fünf Fregatten nebst 15000 Mann Landtrouppen von Toulon unter Segel gegangen und den 18ten April, acht Tage vorher, ehe die englische Flotte vor Spithead die Anker lichtete, und fast sechs Wochen, ehe sie vor Mahon ankam, auf der Insel Minorca gelandet.

So sehr nun auch der Nachtheil dieses Verzugs jederman in die Augen fiel, so war es doch nicht gantz unmöglich, ihn zu ersetzen. Waren gleich die französische

-fischen Truppen ans Land gesetzt, so war doch die Citadelle noch nicht übergangen, und die bekante Tapferkeit des Commendanten lies mit Recht hoffen, daß er die letzten Augenblicke seines Lebens nicht durch eine schändliche Uebergabe der Festung beflecken würde. Dem ohnerachtet wurde von den Ministern zuversichtlicher Weise behauptet, des la Galissoniere Flotte bestünde blos in acht Schiffen von der Linie, und der Admiral Byng würde sie mit leichter Mühe aus diesem Gewässer wegblasen.

Der Feler, welcher durch Unterlassung der Absendung einer Verstärkung war begangen und hernach durch Abschickung einer unzulänglichen Anzal Schiffe unter dem Admiral Byng vergrössert worden, wurde immer durch die Verabsäumung ihn eine Verstärkung nachzuschicken unterhalten.

Endlich nach einer langen Verweilung wegen widrigen Windes kam der Admiral Byng den 28ten May im Gesicht von Minorca und der feindlichen Flotte an. Er grif die französische Escadre an, und zog sich, da er auf seinem eigenen und verschiedenen andern Schiffen noch keinen Mann verloren hatte, zurück, ohne daß er die Besatzung von Mahon zu entsetzen versucht hätte, dieweil dem Schiffe, der Unerschrockne, die Vorbramstange war weggeschossen worden.

Byng muste endlich die Schuld dieser ganzen fehlgeschlagenen Unternemung tragen und als ein Sühnopfer für die Ungeschicklichkeit des Ministerii dem Unwillen des Volks aufgeopfert werden.

Endlich wurde der brittischen Nation die Augen geöfner; sie sahn, in wie ungeschickten Händen das Ruder der öffentlichen Angelegenheiten war und kurz,

es

es wurde ein neues Ministerium angeordnet, an deren Spitze sich Herr Pitt, ein Mann von ausserordentlichen Gaben und Schicksalen, zeigete. Die Ehre der engländischen Seemacht fieng unter dem neuen Ministerio wiederum an aufzukeimen und zu blühen, und der Ausgang mus es lehren, ob die Früchte der Erwartung des Publici gemäs seyn werden.

Ehe ich dieses Capitel schliesse, kan ich einen Umstand nicht unberürt lassen, der bey diesem Seekriege eine Zeitlang zu vielen Urtheilen und Hofnungen Gelegenheit gab. Es waren dieses die bekante Boote mit flachem Boden, die man in Frankreich erfunden hatte, dem engländischen Volke nun auf einmal das Garaus damit zu machen. Ihr erhabner Erfinder war der Herr Berryer, ein kleiner Policenlieutengnt, dessen äusserste Grenzen seiner Gewalt viele Jahre lang nicht weiter gereicht waren, als daß er einige arme Mädgen ins Zuchthaus geschickt hatte. Dieser wichtige Mann that auf einmal einen gewaltigen Schrit und wurde Surintendant über das Seewesen, und zwar auf Befel der Madame Pompadour. Die französische Nation machte sich von der ausserordentlichen und weitläufigen Geschicklichkeit in dem Seewesen, der Schiffart, der Handlung und sogar in der Fürung der Schifsrüstungen die ausschweifendsten Begriffe. Aber die grossen Bemühungen dieses neuen Projectenmachers schrumpften endlich insgesamt auf die Boote mit flachen Boden ein. Von dieser Erfindung zog Frankreich keinen andern Nutzen, als daß unermeßliche Summen aufgewandt wurden und daß sie ihrem Urheber den Zunamen Berryer mit dem flachen Boden verschäften.

Es

Es ist dieses eben der Herr Berryer, welcher wenige Jahre vorher eine neue Ausgabe von den Traumgesichten des Cunredo an das Licht gestellet hatte. Spötter, woran es in Frankreich niemals felet, gaben bey dieser Gelegenheit vor, es wäre ein zweiter Druck von besagtem Werke unter der Presse, welcher mit nächsten zu Vorschein kommen würde. Es würde diese Ausgabe durch den Zusatz eines neuen Traumgesichts von den Booten mit flachem Boden noch merkwürdiger werden.

Sechstes Capitel.

Von dem Kriege zwischen den Franzosen und Alliirten in Teutschland.

Die französische Armee, welche zu Anfang des Merzes 1757 den teutschen Boden betrat und 100000 Man stark war, fürete den Namen la Dauphine, weil sie Sachsen verteidigen und rächen solte; ob sie gleich ihrem Namen wenig Ehre machte. Der Marschall, Graf von Etrees, commandirte die Hauptarmee, eine andere Armee wurde von dem Prinzen von Soubise angefüret.

Ein gewisser Schriftsteller hat uns einen sehr gehäsigen Begriff von dem Prinzen von Soubise gemacht, den ich hier nicht wiederholen wil. Seine Verdienste gegen die Pompadour waren inzwischen hinlänglich, ihm den wichtigen Posten eines Befelshabers zu verschaffen. Denn als der König von der veruchten Hand des Damien verwundet wurde, sahe sich

sich die Maitresse des Königes sogleich von jederman verlassen, so, daß sie auch im Begriff war, Frankreich zu verlassen. Nur allein der Prinz von Soubise hatte das Herz, in diesem bedenklichen Zeitpunct bey ihr zu bleiben, und sie von seiner Ergebenheit und Ehrfurcht zu versichern. Er überredete sie zu bleiben, tröstete sie in ihrem Bekümmernis, munterte sie durch gute Hofnung auf, und nam solche Maasregeln, die allem Nachtheil ihrer Person vorbeugen konten. Die Pompadour konte gegen so grosse Verdienste unmöglich unerkentlich seyn. Der Prinz von Soubise besitzt alle wesentliche Eigenschaften eines rechten Hofmans. Er ist brav, witzig, galant, dienstfertig, und dasjenige, was man einen schönen Spieler nennet. Allein die Begierde, ein Kriegsheer anzufüren, war seine Hauptleidenschaft. Der König, der die Fähigkeiten des Prinzen kante, gab nach seiner Genesung dem Ansuchen seiner Beherscherin nur langsam und mit vielem Widerwillen nach.

Mit dem Anfang des Julius 1757 wurde der Marschall von Etrees nach Frankreich berufen, und der Herzog von Richelieu an seine Stelle geschickt. Die ganze Welt erstaunte hierüber, weil man wuste, daß der erstere einer der grösten Generale in Frankreich ist, und der Erwartung von ihm bisher ein volkomnes Gnüge geleistet hatte. Es hies zwar, der Marschall wolle, seine Gesundheit abzuwarten, ins Aachner Bad gehen, es wurde ihm zwar vorgestellet, das Commando wechselsweise mit dem Herzog einen Tag um den andern zu füren; allein das erste verstand die Welt und das letzte der Marschall zu
gut,

gut, als daß einer von beyden sich dadurch hätte hintergehen lassen.

Die Ursach dieser Zurückberufung ist indessen nirgends anders als in derjenigen Person zu suchen, die die Schicksale Frankreichs bisher auf eine so unumschränkte Art beherrschet hat. Die Marschallin von Etrees hatte sich mit der Pompadour veruneiniget, und dafür wurde sie sogleich von Hof auf ihre Güter verbannet. Doch mit diesem Triumph war die Siegerin noch nicht zufrieden, sie verwickelte in ihre rachgierige Anschläge auch deren Gemal, den Marschal von Etrees, und die Folge davon war, daß er mitten in dem Lauf des Sieges gleich nach der Schlacht bey Hastenbeck zurückberufen wurde. Als er nach Versailles kam, konte der König seinen Verdiensten nicht füglich eine gnädige Aufname versagen. Gleichwol gab er dem Marschall zu verstehen, er würde es gerne sehen, wenn er die Pompadour sprechen würde. Der Marschall war gehorsam, und wartete ihr auf. Sie hatte bey dieser Gelegenheit auf ihrem Gesicht das sanftmütigste Wesen der Gnade nebst aller der Falschheit angenommen, die ihn zu Befele stand. Er machte ihr eine ehrerbietige Vorbeugung und redete sie folgender Gestalt an: „Ich komme auf Befel des Königs, meines Herrn, „Ihnen meine Ehrerbietung zu bezeugen. Ich kenne „die Beschaffenheit ihrer Gesinnungen gegen mich „volkommen; ich verlasse mich aber auf des Königs „Gerechtigkeit zu sehr, als daß ich mich vor solchen „fürchten solte." Mit diesen Worten gieng er weg, ohne ihre Antwort zu erwarten.

Der Herzog von Richelieu, durch den die Stelle des Marschalls von Etrees ersetzt wurde, verlor alles wieder, was der erstere gewonnen hatte. Zwar hasset die Pompadour im Grunde ihres Herzens den Herzog, weil er sich jederzeit eine Ehre daraus machte, sie volkommen zu verachten, und über dies, als Kammerherr des Königs, einen sehr grossen Theil an dessen Gnade hatte. Gleichwol verursachte die Betrachtung, daß sie einander grosse Dienste und Schaden zu thun vermögend wären, daß sie beiderseits den Schein der Freundschaft gegen einander behielten. Die Marquise erhielt von dem Herzog zur Dankbarkeit nach seiner Beförderung noch eine andre Vergeltung, und diese bestand darin, daß er dem Handel durch die Finger sah, den sie bey Ernennung der Fouragelieferer, Oberaufseher bey den Lazareten, Marketender u. s. f. trieb, welche Bestallungen den Meistbietenden gegeben wurden.

Die unglückliche Schlacht bey Rosbach die die Ehre der französischen Nation auf eine unauslöschliche Art besudelte, war Ursach, daß der Prinz von Soubise zurückberufen wurde, und noch lange nach ihm folgte auch der Herzog von Richelieu. Der erste wurde bey seiner Rückkunft von diesem glorreichen Feldzuge mit eben der Gütigkeit von seinem Herrn empfangen, womit ein mit Lorbeeren geschmückter Graf von Sachsen, oder ein Turenne immer empfangen werden konten. Der Feler wurde auf die Trouppen geschoben, welche ihre Schuldigkeit nicht gethan hätten; und der Prinz von Soubise wurde mit in den geheimen Rath gezogen. Hier gab man ihm zu verstehen, wie unanständig es ihm sey, wenn er seinen Ruhm noch einmal gegen den König von Preussen wagen wolte. Man wolte seine glänzenden Verdienste zur Eroberung Englands gebrauchen. Dieses Unternemen würde ihm weit mehr Ehre bringen,

gen, als wenn er sich mit einem elenden Marggrafen von Brandenburg herum schlüge.

Was den Herzog von Richelieu betrift, so hatte er von seinen Thaten wenigstens den Vortheil, daß er seinen Beutel in dem Kriegszuge wider Hannover vortreflich gespickt hatte. Dis war in Paris zu bekant, als daß man nicht Gelegenheit zu Spöttereien daher hätte nemen sollen. Denn als der Herzog nach seiner Rückkunft in einem höchstprächtigen Kleide bey Hofe erschien und der König die reiche Stückerey daran bewunderte, antwortete einer von den Hofleuten: Sire, es ist nur teutsches Gold. Ingleichen hatte er nahe an seinen Pallast einen kostbaren Pavillon gebauet, welchen er den Namen den Pavillon von Mahon gegeben hatte; allein die Pariser nennen ihn nur den Pavillon von Hannover.

Der Graf von Clermont, der diesen Held in dem Commando ablösete, war Abt zu Saint Germain des Prez mit einem Einkommen von etwa 100000 Thalern. Weil er nun fand, daß seine jährliche Ausgaben seine Einnamen doppelt überstiegen, und er auch sahe, wie sehr der Herzog von Richelieu seine Oeconomie in Teutschland verbessert hatte; so wurde er begierig, sich das Commando der französischen Truppen in Teutschland zu verschaffen. Die knechtische Art deren er sich bedienete, die Pompadour zu gewinnen, war hinlänglich seine Wünsche zu befriedigen. Der verdiente Herzog von Bellisle, der die Fähigkeiten dieses Benedictiners volkommen kante, setzte sich auf das heftigste dawider. Weil er aber zum Unglück weiter nichts als die Vernunft auf seiner Seite hatte, so waren seine Vorstellungen vergebens. Kurz der Abt von Saint Germain gieng

hurtig

hurtig nach Teutschland ab, und brachte mit eben der Hurtigkeit das Kriegsheer aus Hannover zurück; ob er gleich seiner Geschwindigkeit ohnerachtet, vom Herzog Ferdinand eingeholet, und bey Crevelt geschlagen wurde.

Die untern Befehlshaber und gemeinen Soldaten haben in dieser berümten Schlacht, dem eigenen Geständnis ihrer Feinde nach, alles gethan, was man von der Tapferkeit verlangen kan. Und wer weiß ob den Alliirten der Sieg so leicht geworden wäre, wenn der würdige geistliche Held wärend der Schlacht etwas mehr gethan, als seine Bouteille mit der grösten Zufriedenheit getrunken hätte. Auf dem linken Flügel, den der Graf von Saint-Germain commandirte, war das Gefecht am hitzigsten, besonders kam der Graf von Gisors, ein Sohn des würdigen Herzogs von Bellisle, mit den Carabiniers sehr ins Gedränge, wobey er auch getödtet wurde. Als dem Grafen von Clermont, der eben bey der Tafel saß, die Gefar der Carabiniers gemeldet wurde, sagte er, anstat ihnen Verstärkung zu schicken, weiter nichts, als: „nun wollen wir doch sehen, wie sich das Söhn„chen des Premierministers aus dieser Patsche her„aushelfen wird." Jeder wird hierin leicht Züge der Rachbegierde gegen den Herzog entdecken, der ihm bey seiner Beförderung zum Commando so hinderlich gewesen war. Nachdem nun der Benedictiner das französische Kriegsheer bis an die Grenzen von Frankreich, so gut als ihm möglich gewesen war, zurückgeführet hatte, so gieng er dem Weg seiner Vorgänger, wurde nach Paris zurück berufen und erndtet daselbst die Früchte seines Ruhms ruhig ein.

F Nie-

Niemand konte begreifen, wárum der Marquis von Contades die Ehre hatte, den ehrlichen Geiſtlichen in der oberſten Befehlshaberſtelle abzulöſen. Allein die Pompadour wolte es, das war gnug. Als er durch ihre Vermittelung zum commandirenden Feldherrn ernant worden, fuhr er nach Verſailles, ſich zu den Füſſen der Marquiſin zu werfen, und den zweiten Beſuch bekam erſt der König, der ihm doch dieſe augenſcheinliche Unvorſichtigkeit im geringſten nicht übel nam.

Wohl niemals hat ein Feldherr ſo vielen vorläufigen Lerm von ſeinen künftigen Siegen gemacht, als dieſer Marquis den Winter über vor ſeiner Abreiſe zur Armee in Paris verurſachte. Er gab die ſtärkſten Verſicherungen, daß er Sr. grosbritanniſchen Majeſtät alle ihre Herſchaften auf dem feſten Lande abnemen wolte. Selbſt das Frauenzimmer erſuchte ihn, er möchte ihnen doch einige Stücke von dem hannöveriſchen Kopfputze, als etwas Sonderbares überſchicken. Doch das Unglück wolte, daß er an deren ſtatt ungefär 20000 Hüte, die à la mode de France aufgeſtutzt waren, bey Minden auf dem Schlachtfelde laſſen ſolte.

Das ſchlechte Glück aller dieſer Feldherrn gab den Spöttern zu Paris reichen Stof ihren Witz auf Koſten der Ehre Frankreichs zu üben. Hier iſt ein Beiſpiel davon:

 Batteaux plats à vendre,
  Soldats à louer;
 Miniſtres à prendre,
  Généraux à ruer.
O France! le séxe femelle
 Fit toujours ton Deſtin!

Ton

Ton bonheur vint d'une Pucelle,
Ton malheur d'une Catin.

   Hier sind platte Schiffe zu Kauf,
Soldaten in Pacht zu bestehn,
Minister zum Strange voll auf,
Heerfürer zum Richtplatz zu gebn.

   O Frankreich, es kam dein Geschick
Doch immer von Weibern noch her!
Ein Mädchen war ehmals dein Glück,
Ein Kätchen macht jetzt dein Beschwer.

Ich habe hier einige Züge von den Gemälden der fünf ersten Feldherrn Frankreichs in Teutschland angebracht, so wie sie uns von einem Schriftsteller geschildert worden, dessen Werk auf die Ewigkeit zu kommen verdienet. Durch die Bekantmachung solcher Umstände wird man in den Stand gesetzt, Dinge einzusehen, die ohne ihnen ein Geheimnis bleiben, und der Nachwelt zur Aufklärung der Geschichte unsrer Zeiten unentberlich nötig sind. Man setze dabey die Betrachtung fort, die ich zu Anfang des dritten Capitels angefangen habe, so wird man noch einen Nutzen haben, der diesem so ziemlich die Wage halten wird.

Siebentes Capitel.
Von dem Kriege zwischen Preussen und Oesterreich.

Vor einigen Jahren kam einer von den stolzen Engländern, die man in England Olde Britons cons nennet, auf seiner Reise nach Berlin und hatte daselbst die Ehre, einige Augenblicke mit Sr. Majestät zu sprechen. Der König, der durch Neigung und Gewonheit für den Despotismum äusserst eingenommen ist, tadelte die brittannischen Gesetze, die dem Unterthan das Recht geben, wider seinen Oberherrn zu streiten. Der Engländer aber suchte die Gewonheit seines Landes zu verteidigen. O! versetzte der König, indem er ihn unterbrach, wenn ich nur ein Jahr König von England wäre, so — — Aber, Sire, unterbrach ihn der Britte, mit Ihren Grundsätzen würden Sie es nicht einen einigen Tag bleiben.

Der Engländer kan Recht haben. Allein eben dieser Despotismus ist es doch, der das Glück und den Glanz der preussischen Staaten gemacht hat. Ohne die militärische Regierungsart, die seit etlichen Regierungen daselbst eingeführet ist, würde das Haus Brandenburg gewis noch jetzt eben so unvermögend seyn, als es unter den schwächsten Churfürsten jemals gewesen.

Friedrich Wilhelm war der erste Churfürst, der ein Heer in seinen Diensten in gehöriger Mannszucht unterhielt. Allein es war noch nach der damaligen Art bewafnet und geübt, und die Reuterey führete oft grob Geschütz mit sich. Im Jahr 1672 hatte der Churfürst 23562 Man; er vermehrte sie aber bis auf 26000. Bis 1676 wurden die Troupen schlecht bezalt und gehalten; in diesem Jahre aber ward die Accise eingefürt und zur Kriegskasse geschlagen. Die Reuterey hatte damals noch die völlige alte Rüstung. Sie konte fast nicht in Ordnung gehalten werden, weil sich jeder Cavallerist selbst mit Pferden, Kleidern und Waffen versahe. Unter

Unter Friedrich dem ersten Könige von Preussen, wurden die Trouppen bald vermehrt, bald abgedankt, bald wieder vermehrt; je nachdem die fremden Hülfsgelder ansenlich oder gering waren. Bey seinem Tode 1713 bestand die ganze Armee ohngefär aus 30000 Man. Zu Anfange dieses Jahrhunderts wurden die Piken abgeschaft, worauf man bisher so viel gehalten hatte, und an deren stat die spanischen Reuter gebraucht. Man fürte stat der Musketen nunmehr auch die Flinten ein, weil die Lunten oft vom Regen ausgelöscht wurden. Unter der Regierung dieses Königs wurde die Kriegszucht der Trouppen immer besser, denn sie wurden in den italiänischen und flandrischen Feldzügen immer geübter.

Der Marggraf Philip, Grosmeister der Artillerie war der erste, der grosse Leute zu Soldaten suchte. Die Grenadier seines Regiments hatten eine mehr als gewönliche Länge. Der Fürst von Anhalt folgte seinem Beispiel und der Kronprinz amete ihm auch nach, und man fieng nunmehr an nur grosse und starke Leute in Dienst zu nemen. Die Infanterie war auf ihren Märschen entsetzlich bepackt. Ausser ihrem Gewehr und Mantel, musten sie noch ihr Gezelt, ihren Renzel nebst den spanischen Reutern tragen.

Der Fürst von Anhalt lernete in den Feldzügen sowol im Reich, als in Italien und Flandern das Kriegshandwerk gründlich. Er lies die Trouppen eine genaue Manszucht beobachten und hielt ungemein scharf über die Subordination, worin die ganze Stärke der Armee bestehet. Allein seine Aufmerksamkeit erstreckte sich blos auf das Fusvolk und die Reuterey wurde verabsäumet.

F 3 Kö-

)(86)(

König Friedrich Wilhelm vermehrte bey Antrit seiner Regierung den Sold der Soldaten, indem er ihn monatlich auf 2. Rthlr. setzte, da sie bisher nur anderthalb bekommen hätten. Er vermehrte seine Trouppen ansenlich und vertauschte einsmals zwölf Gefässe von japanschen Porcellan gegen ein Dragonerregiment, welches der König von Polen abdanken wolte. Der Oberste Wensen bekam es, und man nante es nachher nur das Porcellanregiment. Nach allen Vermerungen war die Armee 1740 72000 Man stark.

Der Fürst von Anhalt, der die Kriegskunst wie ein Handwerk erlernet hatte, bemerkte, daß man von den Flinten nicht allen Nutzen hatte, den man daraus ziehen konte. Er erfand daher die eisernen Ladestöcke und brachte den Soldaten eine unglaubliche Geschwindigkeit bey. Seit 1733 feuerte das erste Glied mit aufgepflanzten Bajonetten.

Gegen 1730 gieng die Liebe zu grossen Soldaten so weit, daß es die Nachwelt kaum glauben wird. Der gewönliche Preis eines Kerls von 5 bis 10 Zol rheinländischen Maasses war 700. Einer von 6 Fus wurde mit 1000 Rthl. bezalt und so stieg der Preis mit jedem Zol der Länge. Der Kleinste in der ganzen Armee hatte 5 Fus 6 Zol.

Die Reuterey bestand ebenfals aus grossen Leuten, die auf ungeheuren Pferden ritten. Es waren Colossen auf Elephanten, die weder Uebungen machen noch streiten konten. Sie waren nicht Meister von ihren Pferden, und ihre Officiere hatten keine Begriffe von dem Kriegsdienste.

Zu Anfang der Regierung Friedrich Wilhelms war man auf die Ordnung der Regimenter und auf

die

die Manszucht bedacht gewesen. Man ward bald damit fertig und nunmehr fieng man an auf Nebendinge zu denken. Der Soldat lakirte seine Flinte, seine Patrontasche und seine Scheide; der Reuter seinen Zaum, seinen Sattel und sogar seine Stiefeln. Die Mänen der Pferde waren mit Bändern geflochten und endlich artete die nützliche Reinlichkeit in einen lächerlichen Misbrauch aus. Hätte der Friede länger als bis 1740 gedauret, so würde man Man und Pferd noch gewis geschminkt und mit Pfläsierchen belegt haben.

Ohnerachtet allen Misbrauche war das Fusvolk gut. Allein die Reuterey war gänzlich vernachlässiget. Der König hielt nicht viel von ihr und der Fürst von Anhalt hatte ántiche Vorurtheile.

So sahe es ohngefär mit dem Soldatenwesen in den brandenburgischen Staaten bis 1740 aus. Es ist bekant, was Se. Majestät für Veränderungen mit demselben vorgenommen und, wie sie vermittelst dieser Veränderungen alle mögliche Vortheile von demselben gezogen haben. Die grosse Grenadiergarde ward abgedankt, eine neue Garde de Corps zu Pferd aufgerichtet und in den ersten Wochen der Regierung des Königs ward die Armee mit 10000 Man vermehrt.

Zu Ende des Feldzugs 1742 bestand die preussische Kriegsmacht aus 53 Regimentern und 100 Bataillons, zusammen aus 85894 Man zu Fuß. Die Cavallerie bestand aus 61 Escadrons Reutern, 70 Escadrons Dragonern, 24 Escadrons Husaren, zusammen aus 25278 Man, folglich die ganze Armee aus 111172 Man. Diese Macht kostete monatlich zu verpflegen 545120 Rthlr. järlich aber 6541440 Rthlr.

Nach

Nach dem zweiten schlesischen Kriege zu Anfang des 1746. Jahrs belief sich die preussische Armee zusammen auf 143759 Man, nemlich aus 84660 Man zu Fus, 13 Regimentern Dragonern, 13 Regimentern Cürassiers und 8 Regimentern Husaren.

So wurde die Armee fast mit jedem Jahre zahlreicher gemacht und die Kriege des Königs gaben ihm Gelegenheit die Feler in den Uebungen zu entdecken und zu verbessern; bis er es darin auf den Grad der Volkommenheit gebracht hat, daß derjenige, den man noch vor zwanzig Jahren mit sechs Regimentern aus Schlesien jagen zu können hofte, nunmehr dem halben wider ihm verbundnen Europa die Spitze bieten kan.

Ich bin nicht willens eine zusammenhängende Geschichte dieses Kriegs zu schreiben. Ich will blos einige einzele und abgesonderte Anmerkungen beibringen und Umstände erzälen, die zuweilen klein, aber dennoch lehrreich und interessant sind.

Im Jenner 1757 kam eine Schrift zum Vorschein, worin der Verfasser beweisen wolte: daß das Königreich Bömen dem Könige von Preussen gehörte. Er leitete dieses Recht aus den Zeiten der Prinzessin Margaretha her, die an den brandenburgischen Marggraf Johan 3 vermälet war. Man gab preussischer Seits vor, es sey solches eine Erfindung eines Uebelgesinten, und lies die Schrift verbrennen.

Bey der Pragerschlacht hatte die österreichische Armee eine solche vortheilhafte Stellung, daß sie auch glaubte, sie könte unmöglich angegriffen werden. Als daher die Preussen aufmarschirten, verboten der Prinz Carl und der Feldmarschall Browne

der

der Armee ins Gewehr zu treten und der Cavallerie aufzusitzen. Gaben aber dabey Ordre, die Zelter abzubrechen und aufzupacken, und nichts als die Patrontaschen umzuhängen, mit den Worten: „Sie „wolten den Preussen blos zeigen, daß sie da stün„den. Die Preussen müsten rasend und toll seyn, „wann sie sich bey dieser Gelegenheit nur die Gedan„ken einfallen liessen, aufzumarschiren, und so sie es ja „thäten, so müste Gott ein Wunder thun, wenn von „den Preussen eine Seele übrig bliebe.„ — Und siehe, die Preussen waren so rasend und toll, und es blieb mehr als eine Seele von ihnen übrig, ohne daß sich Gott hätte die Mühe nemen dürfen, ein Wunder zu thun.

Bey der bald hernach von den Preussen verlornen Schlacht bey Planian oder Collin, wurde die Schuld von ihnen auf die daselbst befindlichen ungeheuren Berge geschoben; ohnerachtet der Reichshofrath diese vorgegebenen Berge feierlich für plattes Land erkläret hatte. In meiner Charte sind zwar um Planian herum lauter Berge verzeichnet, allein das ist kein Wunder, denn es ist eine ketzerische Charte, und hätten die preussischen Zeitungsschreiber nicht bald von ihren Berge stille geschwiegen, so wäre es ein leichtes gewesen, sie durch einen förmlichen Reichsschlus in ebene Flächen zu verwandeln. Wie viel krummes hat man nicht sonst schon in diesem Kriege gerade gemacht.

Als das französische Kriegsheer auf die preussischen Staaten losdrang, wolten die dabey befindlichen Schweizerregimenter nicht wider die Preussen fechten und der Oberste Lochman widersetzte sich mit vieler Freimüthigkeit. Wozu sind denn, fragte ihn

ihn der Prinz von Soubise, ganz ungehalten, die Schweizer nütze? Ihren Abzug zu bedecken, gnädiger Herr, antwortete der Oberste, wenn sie sich etwa zurückziehen solten.

Nicht lange vor der berühmten Rosbacher Schlacht bekam der König bey seinem Uebergang über die Saale zwey unangeneme Nachrichten auf einmal. Die eine betraf den Einfall der Schweden in Pommern und die andre den Tod des Generals von Winterfeld. Wider die Menge meiner Feinde, sagte der König, werde ich Mittel finden; aber ich werde wenig Winterfelde wieder antreffen.

In dem Scharmützel bey Gotha wurden einige französische Proviantofficiers gefangen genommen, wovon zwey dem Könige folgendes Gedicht überreichten:

Deux Francois, Commis au Fourage,
Vous les savez, sont Vos captifs,
Et de Vos husards trop actifs
Ont essuié l'affreux pillage.
Ah! plaise a Votre Majesté
De nous rendre la liberté!
Certes, Grand Roi, pour Votre Glaire
De tels captifs sont des Zeros;
Mais en signant leur Demissoire
Vous graverez dans leur Memoire,
Qu'en tout FREDERIC est un Heros.

D. i. Zween französische Fourageschreiber sind, wie Ew. Majestät wissen, Deroselben Gefangene, und haben von Dero alzugeschäftigen Husaren eine harte Plünderung erlitten. Ach möchte es Ew. Majestät gefallen, uns die Freiheit wieder zu geben.

ben. Gewis, grosser König! für Dero Ruhm
sind solche Gefangene nur Nullen; wenn Sie
aber ihre Entlassung unterzeichnen, so werden sie
ihrem Andenken einprägen, daß Friedrich in allem ein Held ist.

Dieses Gedicht brachte ihnen auch ihre Loslassung
zuwege.

Nach der Schlacht bey Rosbach ließ der Kaiser
aus Reichsväterlicher Huld an alle Stände und
Höfe Ermanungsschreiben ergehen, ja nicht in dem
Eifer wider den König in Preussen nachzulassen. Es
wurde darin geklagt, es sey dem Herzog von Hildburghausen aufgetragen worden, den König von
Preussen zu schlagen; aber dieser böse König sey so
hartnäckig gewesen, daß er sich nicht einmal von einer dreimal stärckern Armee habe wollen überwinden
lassen, sondern sich sogar unterstanden habe, die
vereinigte französische und Reichsarmee zu schlagen.
Welche Verwegenheit!

Man hat von dieser Bataille so viele Lügen in die
Welt hineingeschrieben, daß ich aus Liebe zur Wahrheit und aus Sorgfalt für die Nachwelt nicht umhin
kan, die authentische Nachricht davon hier aufzube-
halten, die der Wiener Hof davon bekant machen
lassen. Sie ist ein Muster der Kürze und Unpartei-
lichkeit. Hier ist sie:

„Der Prinz von Soubise und der Prinz von
„Hildburghausen griffen den König von Preussen
„den 5ten November tapfer an; aber die Nacht über-
„eilete sie, ehe sie mit ihm fertig werden konten. Sie
„hielten also für gut, zurück zu gehen, und thaten es
„auch, ohne erheblichen Verlust und ohne verfolgt
„zu werden. Sie paßirten die Unstrut, und zogen
sich

„sich durch Thüringen zurück, um die hinter ihnen
„liegende Reichslande wider die gewaltsamen Einfäl-
„le dieses Königs zu bedecken!

Der böse König von Preußen trieb gleich nach der
Rosbacher Schlacht seine Verwegenheit noch weiter.
Er gieng sogar nach Schlesien, und unterstand sich,
die Oesterreicher zu schlagen. Als die Preussen bey
Leuthen aufmarschirten, wurde einem Soldaten
vom Forcadischen Regiment ein Bein abgeschossen.
Dieser stoische spartische Held stützte sich auf zwey
Gewehren, als auf Krücken, und rief seinen vorü-
ber marschirenden Cameraden mit dem muntersten
Gesicht zu: Es geht alles gut, marschiret nur
tapfer zu. Als gleich darauf das Dorf Leuthen von
den Preussen erobert wurde, hörete einer von ihnen
jemand in einer Scheure winseln. Er gieng hinein
und fand einen österreichischen Officier, der tödtlich
verwundet war. Er fragte ihn, womit er ihm dienen könte, er hörete aber nichts als eine abwechseln-
de Wiederholung der Worte: Ach! was wird die
arme Fra sagen!, die arme Fra, was wird sie
sagen? Ich füre diese zwey Beispiele blos deswegen
an, damit meine Leser daraus die Verstockung der
Preussen und die fühlbare Menschlichkeit der Oesterreicher abnemen mögen.

Ich kan hier nicht umhin eine merkwürdige Stelle
aus einem Briefe anzuführen, den um diese Zeit ein
Freund in Paris an einen französischen Officier in
Niedersachsen schrieb: „Ich sage ihnen nichts über-
„triebenes, hies es, wenn ich Ihnen melde, daß
„die bey uns herschende natürliche Freiheit, seine Her-
„zensmeinung zu entdecken, sich durch die Urtheile
„von den Angelegenheiten in Teutschland genugsam
erken-

,,erkennen lasse. Die Achtung, welche man hier für den
,,preussischen Monarchen hat, gleichet bey nahe der,
,,die wir unserm eigenem geliebten Könige schuldig
,,sind. Die Eifersucht der Franzosen lässet keineswe-
,,ges bey ihnen den rechten Geschmack verschwinden,
,,dessentwegen diese Nation bekant ist. Wir sind so
,,fantastisch nicht, daß wir den wahren Verdiensten
,,nicht solten Gerechtigkeit wiederfaren lassen. Wun-
,,dern Sie sich nicht, mein Freund! daß Frankreich
,,die Feindseeligkeiten wieder einen von ihm so hoch
,,geschäzten Fürsten fortsetzet. Dis geschiehet kei-
,,nesweges ihn zernichten zu helfen, sondern blos ihm
,,noch mehrere Gelegenheit zu geben, seine ausseror-
,,dentliche Grösse der Welt zu zeigen. Wir halten
,,übrigens dafür, daß wir uns bereits unsrer Ver-
,,bindlichkeit entlediget, indem wir alles, was uns
,,möglich gewesen, beigetragen haben, augenschein-
,,lich zu beweisen, daß das Altertum keinen Vorzug
,,vor unserm Jahrhundert habe, sondern daß auch
,,wir anjezo lebende uns ebenfalls eines der allergrö-
,,sten Helden rümen können.,,

Mit dem Anfang des folgenden Jahres trieb der Reichshofrathsvergessene König von Preussen seine Unbiegsamkeit so weit, daß er gar nach Mähren gieng und Olmütz belagerte. Als man in langer Zeit nichts von der preussischen Armee gehöret hatte, bat der Marquis d'Argens, der von dem Könige jederzeit einer besondern Vertraulichkeit gewürdiget worden, denselben einmal in einem Briefe, ihm doch etwas neues von der Armee zu berichten. Ich wolte, antwortete ihm der König, euch gerne etwas neues schreiben, mein lieber Marquis, aber es ist aufs schärffste verboten, in sechs Wochen nicht das geringste von der Armee zu schreiben. Weil

Weil ich doch einmal in das excerpiren der Briefe gekommen bin, so will ich noch eine Stelle aus einem Schreiben aus Dresd.n anfüren, welches gleich nach dem berümten Sieg der Russen über die Preussen bey Zorndorf geschrieben worden. „Unser berümter Beschützer, lautete es, der österreichische Fabius Maximus, welcher „vorher mit seiner grossen Macht nicht die weit geringere „preussische Armee, sondern den Vorrath unserer armen „Landleute verschlungen, schickt sich nun zum Abzuge. „Niemand kan die weisen Absichten des grossen Feldherrn „in diesen krebsgängigen Manövres ergründen. Vielleicht sind es Folgen von der grossen Victorie, welche „die Russen über die Preussen bey Zorndorf erfochten haben. Was gewiß ist, ist dieses, daß wir dieses Jahr „aller von unsern Alliirten erfochtenen Vortheile ohnerachtet, noch viel entfernter von unsrer Befreiung sind, „als vor dem Jahre. Wer weis, wozu es gut ist. — Die Gedult zerreißt mir, ich kan diesen Gottes- und Daunslästerer unmöglich länger nachschreiben; denn binten fängt er gar an von den Ausschweifungen, Plünderungen und Grausamkeiten der Oesterreicher zu reden. O, tempora! O, mores!

Ich habe in diesen Blättern einige kleine Nachrichten, oder sogenänte Anecdoten von dem bisherigen Kriege angefüret, und ich könte ihre Anzal bis ins Unendliche vermeren, wenn ich vor jetzo willens wäre Tischreden der christcatholischen Fama zu schreiben. Indessen kan es künftig geschehen, wenn das Publicum dieses Werkges einer geneigten Aufname würdigen wird und in diesem Fal würde jenes grössere Werk wohl so ein paar Bände in Folio ausmachen. Als ein Supplement könten demselben in noch ein paar Folianten die Traumgeschichte des grossen Helden, des berümten Graf D.. beygefügt werden, die ganz erbaulich und artig zu lesen sind. Doch, wie gesagt, wird es alles auf die Aufname der gegenwärtigen Schrift ankommen. Vor dismal habe ich meinen Lesern weiter nichts zu sagen, als daß ich mich ihrer Gewogenheit empfehle und zwar mit dem tiefsten Reverenz von der Welt.

Anhang.

Zwey Gedichte
wider und für den
König von Preußen
Mit Anmerkungen.

Aus dem französischen.

Vorrede
des Herausgebers.

Die Antwort, welche Herr Sincero auf den Angrif des Herrn Merastasio verfertiget hat, ist nicht gemacht worden, um öffentlich bekant zu werden. Dem ohneractet habe ich sie dessen für würdig geachtet und geglaubt, das Publicum würde mitten unter so vielen Waffenkriegen auch mit Vergnügen einen Federkrieg sehen. Die Sache ist in guten Händen; wir können noch weit wichtigere Arbeiten davon hoffen. Der kaiserliche Dichter glänzet seit langer Zeit in der ersten Sphäre seiner Kunst, und der unbekante Verteidiger, der sich unter dem Namen Sincero verborgen hat, scheinet bey seinem freien und unerschrocknen Betragen sich dafür nicht gefürchtet zu haben. Wir werden folglich etwas gutes sehen; und dis ist einer der Bewegungsgründen, die mich bewogen haben, diese zwey Stücke bekant zu machen. Lies geliebter Leser und erwarte aus meiner Druckerey die Fortsetzung dieses Kriegs, die nur von Seiten des österreichischen Dichters aussenbleiben kan; denn mein Unbekanter hat mir sagen lassen, daß er seinem Gegner niemals einen Fusbreit weichen werde *). Wenn es ihm gereuet, gut! dieser Federkrieg kan durch diese einige Schlacht geendiget werden. Wir werden es sehen; der Anfang ist nicht übel. Gott befolen. Schrei

*) Indessen ist doch der österreichische Dichter der erste gewesen, der diesen Streit abgebrochen hat.

Schreiben an Herrn Professor M ***
zu G*** den 14. Dec. 1757.

Der berümte Metastasio, mein Herr! hat, um der Kaiserin seine Aufwartung zu machen, ein Gedicht wider den König in Preussen verfertiget. Die Erfindung ist gros, die Ausfürung geschickt, die Schreibart edel, und der Ausgang so boshaft, als er nur seyn können. Einer Ihrer Freunde, der kein Poet von Profeßion ist, aber dennoch sehr stark denkt, und sich weit erhabner ausdruckt, als der kaiserliche Poet, hat dieses Stück gestern von Cassel durch den Herrn Baron von Palmerhalten, der sich zu Giessen aufhält; er hat es für seine Schuldigkeit gehalten, es zu beantworten, und diese Antwort hat er aus dem Stegereif verfertiget. Er hat in der Arbeit des Herrn Metastasio einen Feler im Schliessen und einen Mangel heroischer Empfindungen entdeckt. Er hat ihm in der strengsten Form geantwortet; er hat eben dieselbe Erdichtung, dieselbe Versart, dieselben Gedanken, dieselbe Ausfürung, dieselben Reime, und fast eben dieselben Worte beibehalten, und dennoch den österreichischen Dichter totaliter geschlagen. Und dis hat er dadurch bewerkstelliget, daß er ihm die Waffen aus der Hand gerissen, und sie wider seinen Gegner gerichtet hat. Es würde etwas ausserordentliches seyn, wenn unser Verfasser dabey vollkommen glücklich gewesen seyn solte. Ich habe die Ehre, Ihnen die zwey Stücke hier zu übersenden, urtheilen sie selbst davon, Adieu.

Der

Der Schatten Carls 12, Königs in Schweden,
erscheint
Friedrich 2, Könige in Preussen.

Ein Sonnet von Metastasio.

La sueca Ombra di *Carlo*, allor che bruna
   Notte sedea su le guerrire tende,
   Apparve al Prusso, e disse: Or tutte aduna
Le tue falanci, e desta l'ire orrende.

Ed or che arride a te l'ora oportuna,
   Usa l'ardire, onde il tuo scampo pende.
   Dell' armi la volubile fortuna
Sai come cambi ognor tempi e vicende.

Fa qu'io riviva in te. Veggo' vicine
   Vittorie illustri, e forti squadre oppresse,
   E regni involti nelle lor ruine.

Porta dovunque vai, terrore e scempio.
   Sparve; né dire osò, com' ei cadesse,
   Dé troppo audaci Re misero esempio.

Friedrichs 2.
Antwort an den Schatten
Carls 12.

Ein Sonnet von Sincero.

Ferma, Carlo, un momento; or che la bruna
  Notte loco à parlar ci fa in ste tende,
  M'accorgo ben da gli atti, eveggio ad una,
  Non già conforti, tue minaccie orrende.

Che tu revivi in me? ora oppurtuna
  Ch'io tenti audace, onde il mio scampo
                                    pende?
  Sai quando debba io poco a la Fortuna,
  Sai che apresi a regnare anco in vicende.

Non fui tuo caso tal. Con le vicine
  Genti e rimore vuol mie poche oppresse
  La vergognosa Europa in gran ruine.

Pur vinco; nè già porto alcuna scempio.
  Sparisci? e che tua vita poi cadesse?
  O de l'ombre e vapor misero esempio!

Anmer-

Anmerkungen des Herausgebers.

Die italiänische Sprache ist nicht so bekant, als die französische; sie ist noch sehr frey und reich zur Poesie. In diesem Stück übertrift sie nicht nur die übrigen heutigen Sprachen, sondern auch die lateinische und in manchen Fällen gar die griechische. Daher komts, daß sich wenig fremde Leser finden, welche die italiänische Poesie hinlänglich verstehen und ihr einen Geschmack abgewinnen, besonders der lyrischen und der erhabenen. Diese Betrachtung hat mich zu den Entschlus gebracht, den Krieg der beiden Dichter hier in wenig Worten zu erzälen, damit auch diejenigen ein Licht bekommen, die keine volkomne Kentnis von der italiänischen Sprache haben.

2. Hier ist der Inhalt von dem Gedicht des kaiserlichen Poeten: „Schon hatte sich die braune Nacht „auf die kriegerischen Gezelte gesetzet, als der Schat„ten des schwedischen Carls 12 dem Preussen erschien „und zu ihm sprach: Auf Friedrich! Versamle a„le deine tapfern Haufen und erwecke deinen erschrec„lichen Zorn. Die Stunde ist bequem; gebrauche „dich der Künheit, durch sie allein kanst du entwischen. „Du weist, wie sehr das unbeständige Glück der „Waffen die Zeit und die Umstände ändert. Ma„che, daß ich in dir wieder auflebe; ich sehe in der „Nähe berümte Siege und tapfere unterdrückte „Schaaren; ich sehe Königreiche, die in ihr Ver„derben gestürzet sind. Verbreite aller Orten, wo „du hinkömst, Schrecken und grausame Strafen. „Nach diesen Worten verschwand der Schatten des „Schweden; er wagte es nicht zu sagen, auf welche „Art er starb. Elendes Beispiel alzuküner Könige!„

3. Diß ist das Sonnet des Oesterreichers. Es ist wahr, ich finde grosse poetische Schönheiten darin; aber auch, mit Erlaubnis des berümten Verfassers, wenig gesunde Vernunft. Denn vors erste, sagen sie mir doch, ich bitte sie, warum muste er eben Carln 12 einfüren, um Friedrich 2 Mut einzusprechen? Der Schwede rämet sich, die Händel der jetzigen Zeit zu wissen; aber eben die schwedische Nation gehöret mit zu den Feinden des Preussen, und wie hat wohl Carl den Friedrich aufmuntern können, sie mit den andern zu schlagen? Dieser Gedanke scheinet mir im geringsten nicht scharfsinnig zu seyn. 2. Der schwedische Held will den preussischen überreden, zu dem Ende ermanet er ihn, seinem Beispiel zu folgen. Wie? Hat Friedrich 2 nötig, sich nach dem Beispiel Carls 12 volkommen zu machen? 3. Es ist ziemlich seltsam, einen Held durch ein nicht nur sehr verschiedenes und weit unter ihm befindliches, sondern auch sehr unglückliches Muster zu grossen Unternemungen aufmuntern zu wollen. 4. Man könte antworten, daß man durch das vorgelegte Beispiel drohen, nicht aber aufmuntern wolle. Gut; aber wenn man ihm Furcht einjagen will, warum sagt man denn dem Friedrich blos, daß er den Carl nachamet? Warum giebt man ihm nicht auch zu überlegen, daß er tausendmal mehr Feinde auf dem Halse hat, als der König von Schweden hatte? 5. Bemerken sie einen noch wesentlichern Feler. Man will die Tapferkeit eines Helden überreden, man wil ihn sogar zur Künheit oder vielmehr zur Verwegenheit bewegen, und diese ganze Ueberredung eines Helden geschiehet durch einen andern Held; indessen wil man diesen Held bewegen, seine Feinde in der Macht anzugreifen: ist das nicht ausserordentlich heroisch? 6. Noch mehr. Man wil einen Held furchtsam machen und man drohet ihm doch, ihn mitten unter grossen Thaten sterben zu lassen. Ein jeder andrer Dichter, der nur die geringste Kentnis von dem Heldenmuth gehabt hätte, würde nichts davon gesagt haben; er würde den Held mit der Schande, mit dem Unglück seines Volks, mit den Widerwärtigkeiten seiner Bundsgenossen und Freunde, oder mit einem andern änlichen Uebel bedrohet haben, welches ein so grosses Herz hätte rüren können. Der österreichische Gegner entdeckt seine Begriffe von dem Heldenmuth zu sehr. Doch wir wollen davon schweigen; wir wol-

wollen auch die Antwort hören. Die der unparteiische Dichter dem Könige von Preussen in den Mund legt.

4. „Verschwinde nicht sobald, geliebter Carl; halte
„dich einen Augenblick auf; die braune Nacht giebt uns
„Gelegenheit uns in unsern Gezelten zu unterhalten. Ich
„merke wohl an dir, daß du gekommen bist, mir eine
„schreckliche Furcht einzujagen, nicht aber mich zu trösten,
„und in der Warheit, warum sagest du zu mir, daß ich
„mich bestrebe, dich in mir wieder aufleben zu lassen?
„Dis ist sehr höflich; ich danke dir von Herzen für die gute
„Meynung, die du von dir selbst hast. Indessen will mir
„dein Rath nicht gefallen, den du mir giebst, mich mit
„Kühnheit der Stunden der Nacht zu bedienen, weil ich,
„wie du sagst, nicht anders als durch Kühnheit entkommen
„kan. Ach, mein Freund! du kennest mich noch nicht.
„Du soltest wissen, wie wenig ich dem Glück zu verdanken
„habe, und daß ich alle Kunst zu regieren besaß, ehe ich
„noch den Thron bestieg. Ich habe Beispiele davon abge-
„legt, selbst im Unglück. Las uns frey reden; mit dir war
„es nicht so, mein Freund. Sieh Europa, welches sich
„nicht schämet, mir alle Arten von Fallstricken zu legen und
„so viele Verrätereyen wider mich anzuspinnen; eben so
„wenig errötet es über seine Bemühung, meine wenige Un-
„terthanen unter dem grausamsten Verderben zu unterdrü-
„cken; es greift mich an, und will mich durch nahe und fer-
„ne Nationen ausrotten. Indessen siege ich; und Carl,
„las es dir nicht verdriessen, ich trage keine Verwüstung,
„keine grausame Rathe mit mir herum, die es dir gefallen
„mir zu raten. Aber was sehe ich? Du verschwindest? Und
„du willst mich an die Art deines Todes erinnern? Ach, ich
„merke es, du bist weiter nichts, als ein Phantom; du
„schwatzest, wie ein Traum bey vollem Magen; das ist
„gewiß ein mitleidenswürdiges Bild."

So weit gehet der Krieg dieser zwey Herren. Ich rate
meinen Lesern, ihre Gedichte in der Originalsprache selbst
zu lesen; um die Vorsicht, Angriffe, Betrübungen und
selbst die Stärke dieser zwey Fechter zu sehen; oft hängt
die Wirkung eines Streichs bloß von der Geschicklichkeit
und guten Stellung desjenigen ab, der ihn thut, demohnerachtet wird jeder vernünftiger Leser zugeben müssen, daß
der österreichische Fechter in aller Form geschlagen worden.

In-

Inhalt.

Einleitung. S. 11.

Erstes Capitel.
Von dem königlich preussischen Hofe. S. 15.

Zweytes Capitel.
Von dem sächsischen Hofe. S. 33.

Drittes Capitel.
Von dem königlich französischen Hofe. S. 39.

Viertes Capitel.
Ursachen des gegenwärtigen Krieges. S. 50.

Fünftes Capitel.
Von dem Seekrieg zwischen England und Frankreich. S. 66.

Sechstes Capitel.
Von dem Kriege zwischen den Franzosen und Alliirten in Teutschland. S. 76.

Siebentes Capitel.
Von dem Kriege zwischen Preussen und Oesterreich. S. 83.

Anhang.

Zwey Gedichte wider und für den König in Preussen. Mit Anmerkungen, aus dem Französischen. S. 95.
Vorrede des Herausgebers. S. 97.
Schreiben an den Herrn Professor M *** in G** den 14. Dec. 1757. S. 98.
Der Schatten Carls 12. Königs in Schwed. erscheinet Friedrich 2. König in Preussen. Ein Sonnet von Metastasio. S. 99.
Friedrichs 2. Antwort an den Schatten Carls 12. Ein Sonnet. S. 100.
Anmerkungen des Herausgebers. S. 101.

www.ingramcontent.com/pod-product-compliance
Lightning Source LLC
Chambersburg PA
CBHW031419160426
43196CB00008B/989